构建共同记忆　传承大学文脉

交 大 记 忆
SJTU MEMORIES

（第 4 辑）

管海兵　主编

上海交通大学出版社
SHANGHAI JIAO TONG UNIVERSITY PRESS

内容提要

  《交大记忆》以"聚焦沧桑岁月，展示时代风貌，构建共同记忆，传承交大文脉"为宗旨，第4辑精选交大各时期前贤师友文章24篇，分为黉门哲思、上庠菁英、南洋留痕、峥嵘岁月、珍档掌故、风物探源6个版块。书中各篇或纵论交大变迁，或讲述师友逸闻，或钩沉母校岁月，或传扬红色记忆，或细数校园珍档风物……从不同视角讲述百年交大故事，再现百年交大记忆，是值得一读的大学校史读本、大学精神读本和红色教育读本。

图书在版编目（CIP）数据

  交大记忆. 第4辑 / 管海兵主编. -- 上海：上海交通大学出版社，2025.8. -- ISBN 978-7-313-33186-1

  I. G649.285.1

  中国国家版本馆CIP数据核字第2025DS8420号

交大记忆（第4辑）
JIAODA JIYI（DI 4 JI）

主　　编：管海兵

出版发行：上海交通大学出版社   地　　址：上海市番禺路951号

邮政编码：200030   电　　话：021-64071208

印　　制：上海盛通时代印刷有限公司 经　　销：全国新华书店

开　　本：880mm×1230mm 1/32 印　　张：6.625

字　　数：152千字

版　　次：2025年8月第1版   印　　次：2025年8月第1次印刷

书　　号：ISBN 978-7-313-33186-1

定　　价：32.00元

本书由上海交通大学机械与动力工程学院
1982届校友刘共庭、冯莺夫妇捐设的
"校史研究基金"资助出版

《交大记忆》编委会

序

Preface

杨振斌

交通大学诞生于民族危难之际，成长于中华崛起之时，兴盛于祖国富强之日。"自强首在储才，储才必先兴学"是交大肇始出发的历史起点；"起点高、基础厚、要求严、重实践、求创新"是交大坚守的办学传统；"饮水思源，爱国荣校"八字校训彰显交大人融入血脉的家国情怀；"选择交大，就选择了责任"成为新时期交大人共同的价值追求。

交大精神在交大人的血液里流淌，代代传承，川流不息，浩荡向前，终成洪流。承载交大精神的百年交大史不仅载录于恢宏的史志卷帙中，还留存于师生校友间经久传扬的逸闻趣事中，发微于交大人气韵灵动的记忆描述里。因为这些历史故事，交大校史显得如此生动鲜活，积厚流光，青春荡漾；也正因为这些历史记忆，交大精神变得丰满而具体，感性而独特，成为有血有肉有灵魂的文化存在。

我校档案文博管理中心一贯重视学校自身档案的收藏编研，注重师生校友口述记忆资料的采集整理与党史校史故事的发掘利用。2020年3月，我调任上海交通大学党委书记。上任五年多来，我深入校园一线，耳闻目睹了许许多多交大人担当有为、奋勇拼搏的感人事迹；同时在工作之余，我认真阅读了多部党史校史书籍，得以深入了解交大求真务实、砥砺前行的百年校史，细细品读了众多蕴意丰富、催人奋进的校史故事。我真切地感受到这些韵味深长的校史故事是一笔弘扬大学精神、凝聚向心力的精神财富，是开展教书育人、激发师生爱国荣校情感的生动教材。2021年，在我的建议下，档案文博管理中心对已版的交大故事集《思源湖：上海交通大学故事撷英》进行压缩精简，推出了切合时代主题的精编版《百年交大故事撷英》，深得师生校友的喜爱与好评。该书作为交大新生的入学教育读本，取得了良好的育人成效。

2022年4月，习近平总书记参观考察中国人民大学校史展时指出："要加强校史资料的挖掘、整理和研究，讲好中国共产党的故事，讲好党创办人民大学的故事，激励广大师生继承优良传统，赓续红色血脉。"作为学习贯彻习总书记重要讲话精神的一项实际举措，我校决定进一步加强党史校史史料整理、编研与展示育人工作，继续大力推进交大党史校史故事的深挖与编纂工作。2022—2024年，由分管学校档案文博工作的副校长张安胜主编的《交大记忆》第1～3辑，均于当年8月成书出版，并作为新学年校史读本、校友读本陆续下发至全校万余名新生、新员工与数千名校友手中。

今年，承续前三辑，我们继续推出《交大记忆》第4辑，由现任分管档案文博工作的副校长管海兵担任主编。全书以"聚焦沧桑岁月，展示时代风貌，构建共同记忆，传承交大文脉"为编辑宗旨，精选交大各时期前贤师友文章24篇，分为黉门哲思、上庠菁英、南洋留痕、峥嵘岁月、珍档掌故、风物探源6个版块。文章作者有些是为交大发展殚精竭虑的"掌门人"，有些是为学校教书育人事业奉献终生的"大先生"，还有些是知校爱校的师生校友及校史档案工作者。他们从不同视角出发，或记录黉门沧桑，或讲述师友逸闻，或钩沉母校岁月，或细数校园风物……他们书写了交大人的共同记忆和精神风貌，笔端充溢着对昨日交大的挚爱之情，字间传递着对明日交大的勖勉之意。

读史明智，鉴往知来。细细品读《交大记忆》中一则则生动的党史校史故事，我们不仅能探知交大往昔，还能观照交大现今发展脉络；不仅能与交大前贤进行超越时空的今昔对话，还能将交大的历史、精神和文化融入血脉，转化为开拓交大美好未来的不竭动力。我希望《交大记忆》各辑的陆续推出，能为讲好交大故事、传承交大文脉、提升交大文化软实力发挥更加积极的作用；也希望广大师生校友在共同的文化脉动与历史记忆中感悟精神伟力，凝聚奋进力量，勠力同心，为早日实现上海交通大学构建世界顶尖大学的愿景目标而努力奋斗！

是为序。

杨振斌

2025年6月

目
录

Contents

簧门哲思

纵论交大发展变迁，探微大学精神文化

学校培养人才论

唐文治

唐文治（1865—1954），字颖侯，号蔚芝，晚号茹经，江苏太仓人，清末进士。近代著名国学家、教育家。1907年任邮传部上海高等实业学堂（交大时名）监督，是交大历史上掌校时间最长、贡献最为卓著的校长之一。任内"求实学、务实业"，着力培养中西贯通、工文并重、德智体全面发展的"第一等人才"，被后世誉为"国学大师、工科先驱"。1920年离任创办无锡国学专修学校，并主持校务长达30余年。

原载唐文治：《茹经堂文集》二编卷三，第4—7页。本文写作时间为1909年，文中以一家庭的兴衰做比喻，阐述办学者对待下一代宜推诚相见，不宜用权术；以治民之道作陪衬，要办学者有爱护赤子之心；以培植佳木嘉禾作譬，要办学者做到教导有方，并论述道德和科学的关系。

一家之中，颠连多故，或贫乏不能自存，有子弟焉，崭然见头角，则无害也，异日将有所恃也。或乃以为不中不才而疑之忌之、摧之残之、废之弃之，如是则其家终无望矣。今者，科举停，宪政举，天下之人才，将尽出于学校。天下之言政治、言学术、言外交法律，为农工商诸实业者，将尽出于学生。天下之所仰赖者，非学生而谁赖？而世乃有疑之忌之、摧之残之、废之弃之者，抑又何也？盖自教化不明，天下多得一新，旧不相保，则所以正其本而清其源者，惟视乎培养之道。

培养之道，宜加意者，在彼此相见以诚。今夫家庭之间，因严教敬，因亲教爱，融融泄泄，未尝闻用权术也。天下至诚而不动者，未之有也。今遇学生而以权术行之，在我先不能立于无过之地。盖我以权术御人，人遂百出其权术以尝我。疑幻之甚而膜隔生焉，膜隔之甚而戈铤起焉。夫治民之道，一以为婴儿，一以为龙蛇，其效已大相径庭矣。兹者以名臣名儒望于人，而以盗贼无赖待其人，惟以盗贼无赖待其人，而人且以盗贼无赖自处也。戕贼杞柳，斫丧萌芽，君子不胜其痛心矣。是岂国家菁莪作育之至意乎？

培养之道，宜加意者，如保赤子。张子有言："民吾同胞，物吾与也。"天下人之子弟，犹吾之子弟也。今人之爱其子弟，无所不至。试思他人之子弟入学之时，其父兄之反复叮咛，有如何者矣！居学之时，其父兄之梦魂记忆，有如何者矣！他人之父兄以赤子属我，即国家以无数之赤子委托于我。赤子乳之而不以其时，不得其饱，则啼哭随之。今我之爱护而不用其诚，约束而不得其术，教诲而不能满其愿、给其求，是犹乳之而不使饱也。赤子之啼哭呼号，又焉怪乎？知此者则可以揣其本矣。

培养之道，宜加意者，如植佳木。出口气而伤之，句者有不出，萌者有不达者矣，故慎勿伤之。纵其自生自长，而不加剪被，则其枝叶扶疏四出，有拳曲而不中绳墨者矣，故慎勿纵之。渥加灌溉，有旁出者，稍稍剪被，而大木乃奋迅凌霄而不可遏。起居之宜洁清也，寒暖之必慎护也；思吾国生计之日艰，不得与欧洲比，则学费宜稍从减也；思长养者皆吾国民，知饮食之有讼，随时申儆庖厨也，皆灌溉之法也。害马不除，则骐骥短气；稂莠不去，则嘉禾减色。纳之于礼义之中，束之于范围之内，此剪裁之法也。

培养之道，宜加意者，在讲明道德，本身以作则。蒙尝有言："道德，基础也；科学，屋宇垣墉也。"彼淹贯科学，当世宁无其人？然或忘身徇利，一旦名誉扫地，譬诸基础未筑，则屋宇垣墉，势必为风雨所飘摇而不能久固。如此者，由道德之不明也。而道德之所以不明者，由无人为之则也。夫《论语》首言学，而即继以孝弟。《孟子》七篇，首辨义利，而即继以不遗亲、不后君。圣贤明训，昭然若日月。兹者群经之大义，固已晦盲否塞，即吾国文字之精微，亦有见为迂腐而不足复存者，何也？以其溺于陈言而羌无新理也。今宜以至新之心理，发明至古之道德，且俾天下学者知圣贤之道，实在于行而不在于言，则吾中国道德文章，或可不绝于天下。凡培养之道，累千万言不能罄，而撮其大要，举不外此。

抑吾闻圣门之言："我不欲人之加诸我，我亦无加诸人。视下如手足者，视上如腹心。"吾又闻西哲之言："脑力之相印，迅于疾电。"吾向所谓疑之忌之、摧之残之、废之弃之者，其主持学校之不得其人与？抑学生激之使然与？夫激之使然，而使疑忌、摧残、废弃者有所借口，则所以贻学校之害者，岂非学生之责与？虽然，激之使然者，其谁激之使然？充其类至于国家无人才之可用，又岂学生之责与？宣圣系《剥》之上九曰："硕果不食。"天不绝我中国之学人，窃愿大书此说，以告天下同志之君子。

此文颇求为天地立心，文气其来无端，其去无涯，极似韩文公《答吕毉山人书》，非庸人所能知也。自记。

对于吾校二十周纪念之感想

邹韬奋

邹韬奋（1895—1944），原名邹恩润，江西余江人，生于福建永安。中国卓越的新闻记者和出版家。1912年入读交通部上海工业专门学校（交大时名），从附小、附中到大学部电机科，共7年。1919年考入圣约翰大学。1922年任中华职业教育社编辑股主任，1926年任《生活》周刊主编。1936年因抗日救亡与沈钧儒等7人被国民党政府逮捕，时称"七君子"。2009年邹韬奋被评为100位为新中国成立作出突出贡献的英雄模范人物之一。以邹韬奋的名字命名的"韬奋新闻奖""韬奋出版奖"是中国新闻出版界个人成就最高奖。

原载《交通部上海工业专门学校学生杂志》第2卷第1期（廿周纪念增刊），1917年4月26日，第2—8页。署名邹恩润。

一

美哉吾工业专门学校！美哉吾工业专门学校！

吾工业专门学校者，吾中华新学之先锋，而优秀之人才之渊源也。树东南之风气，震声誉于环球。有政治家出于吾校者乎？曰有。有实业家出于吾校者乎？曰有。有教育家出于吾校者乎？曰有。有文学家出于吾校者乎？曰有。有发明家出于吾校者乎？曰有。有运动家出于吾校者乎？曰有。有名画家出于吾校者乎？曰有。有小说家出于吾校者乎？曰有。乃至有震古烁今之名将，苦战疆场，百折不回，不惜以身殉，而为吾国民争回临危之共和，争回已亡之人格出于吾校者乎？曰亦有。猗欤盛哉，吾工业专门学校！

虽然，距今二十载前，吾校呱呱坠地之日，为吾中华学界生一宁馨儿，而当时科举之习未尽，国人风气未开。有若欧阳母之言曰："汝孤而幼，吾不能知汝之必有立也。"今夫父母之劬劳以训育其子也，含辛茹苦，以长以教，俾至于成人，一旦行冠礼，聚宗族亲戚欢呼庆祝。为亲者，回顾其子，必有喜极而涕者矣。今也吾新学先锋人才渊源之工业专门学校，亦行冠礼矣，亦将聚吾国中父老兄弟姊妹欢呼庆祝矣。恩润无上荣幸，得躬与厥盛，而回顾吾校，万感咸集，不禁喜极而涕也。吾知吾师友、吾国民，亦以为无上荣幸，得共观厥盛。而回顾吾校，亦万感咸集，不禁喜极而涕也。

夫人行冠礼何为也？曰示成人也。成人之责任与未成人者较，不可同日语矣。行冠礼者，使子弟有所自觉而警醒。故吾以为吾校行冠礼矣，而吾同学亦当有所自觉而警醒也。吾于是欲言吾感想，以自觉而警醒焉，且望吾同学亦以自觉而警醒焉，且望吾全国学界皆各以自觉而警醒焉。

梁任公先生尝谓吾校为吾国学校中之最有历史最有名誉者，恩润以谓吾校之学风亦可为吾国学校中之最可钦仰最可爱慕者。以恩润平日所感触，谓吾校风有三不可及：一曰吾同学皆知自尊其人格，而同时且知力尊他人之人格；二曰吾同学皆知勤奋学问，而同时且极敬重他人之勤奋学问者；三曰吾同学毫无奢侈恶习，而同时且知敬重他人俭朴，而惟学是务者。吾同学以此似庸行而无足奇乎？人格为为人之基，勤奋为成功之诀，俭朴为立身之本，而吾校风皆俱此，而吾同学皆行所无事以自淑其身，此吾侪所当自省而保存光大之者也，此全国学校所当闻风兴起而共效法者也。抑吾于此良学风外，有一要义焉，为吾同学所急当自觉而警醒，为吾全国学界所急当自觉而警醒者，则吾侪当知国家与学者之关系，而一自问吾孜孜以求学果何为者是已。

二

今世号称安富尊荣莫敢予侮之国，其于教育政策、普及方针，咸聚精会神，图谋尽善。而吾国忧时之士，亦莫不以普及教育、开浚民智，为兴国振民一大要政。今夫安南、朝鲜，屋社已墟，民智日偷，无能为已，而其主国犹怵怵然虑其余烬复燃，使其旰食，乃思弭患于未然，力求制服于机先。国内固无容其求学之方，海外亦力禁其负笈之计，此其故可深长思也。盖彼亡国之民，虽困苦惨酷，颠连无告，犹得有衣食长妻子也，独不得求高深之学问。诚以人具高深之学问，必不安于有衣食长妻子而遂俯首帖耳无所事事也，必以先知先觉自励、救国救民自任，不愿为舆台，不安为牛马，知耻尚志，义勇有为，非利之所能诱，非威之所能屈。国亡而学未亡，则余烬得以复燃，其国终有光复旧物之日。国亡而学亦亡，则人民沦于禽兽，其国永沉万劫不复之渊。故灭人国者，必俱灭其国学。是以国而不国，则学者亦无幸存之理也。

此次欧洲战役，比利时大学行毕业仪式之一日，诸生服学位衣冠，礼成出校，径赴战垒。数小时后，倒卧沙场者，不知凡几。余初闻此，不禁恻然悲之，以为求学匪易事也，奈何一旦弃之，不稍顾恤焉。继而思之，乃知学者之与国，存则俱存，亡则俱亡，与其坐而待亡，无宁奋勇赴敌，犹有不亡之希望焉。此其志固可哀，而其智尤不可及也。今兹战役，德国虽受联军之攻，而独能自维持至于今日者，识者亦莫不谓其教育之发达、学术之进步，故其政治组织完美，而其国民整肃忠勇有以致之。学者之关系于国，此其效益昭然可睹矣。明乎此，则今世号称安富尊荣莫敢予侮之国，其致意于教育以固国基，与吾国忧时之士，以普及教育为兴国振民之一大要政者，皆知政本者也。而彼主国之力禁彼亡国之子弟负笈游学于外者，亦岂无病呻吟，庸人自扰哉？然试一静察吾国所谓教育则何如，其内地辟壤，乡愚无知，不识之无，不辨菽麦者，无论矣；即号称高明之地，文化之区，其求学之士，学成之徒，亦有念及此而卧薪尝胆、力践卫国之义者乎？吁嗟乎噫！君子念此，骨折发竖，魄动魂飞，不知所届也。

昔美人爱迪先生尝莅吾校演说，慨夫吾国学子之不振，言极沉痛。谓彼之至日本也，与吾国留东学者握手谈国事之艰危，人心之浇薄，咸有屈原惓怀祖国、贾谊痛哭流涕之遗慨焉。既而其中有某氏者，归国办理某铁路，则利欲熏心，私意充塞，以上下其手所获之数万金置美妾焉，置国事于不顾也。呜呼！人虽健忘，何若是之甚也！昔日本明治初年，伊藤、大隈二人谋设东海道铁路，不知洋债之性质如何也，贸然订借以成路焉。事虽卤莽，而无私意杂其间，一以爱国之诚出之，故其国家犹受其赐也。（事详《饮冰室自由书》）彼国以未成之铁路，赖其学者冒万险以成之。我国以已成之铁路，受吾学者舞私弊以蚀之。嗟乎！此所以以吾数千年文明之邦，而今受彼百年前国名尚未登于世界史上者之横暴凌辱，得罪于黄帝、尧、舜、禹、汤、文、武、周公、孔子在天之灵，而犹般乐怠敖，了无愧耻也，岂不哀哉！岂不痛哉！虽然，是无怪其然也。彼学者深明国家与学者休戚相关、存亡与俱，故学成而所为如彼。而吾学者不知国家与学者休戚相关、存亡与俱，故学成而所为如此也。或曰，国家与学者关系如此其密切，而学者之不可自安卑下以自戕而害国也，则吾既得闻命矣。然苟非在位，以区区一学者，即深知此义，夫何所济于国？则子所云，徒自欺耳。余曰："不然。"孔子不云乎？"不患无位，患所以立。"吾侪不自奋，所学无足言，不足以救国，斯则诚可愧耳。以此菲薄学者，则吾未之敢承。

昔法军之将破柏林也，菲斯的与黑嘎尔方同为大学教授，黑嘎尔逃往远县，菲斯的留在围城。或问黑嘎尔曷为逃，曰："吾所著书未成，吾确信吾书之成否，为德国所攸系，吾安可以国民托命之身，轻冒锋镝？"或问菲斯的曷为留，菲曰："此实现吾学说以牖导国民之良机会，吾安肯舍旃？"（详《大中华》）后此二子拯救其国，各如所言。呜呼！彼二子者皆学者，而非在位肉食之徒也，何以能拯救其国耶？彼所以能拯救其国者，有学者之实，而非徒有学者之名也。使当时所谓学者而如吾侪之毫无所能，则逃亡远县以偷生耳，留在围城以待死耳，有何所济于国？然则谓吾侪徒窃学者之名，以不学无术误国，则义正词严，无可逃耳。乃敢觍然以此菲薄学者，可乎哉？呜呼！学者而知求学为卫国也，则任重而道远，不可以不弘毅也。抗之以高志，持之以至诚，扩其胸怀，远其眼光，刻苦坚卓，极深研几，师弟相勉，同学相辅，日精月进，攘臂前程，则此千圣百王仁人志士竭精敝神所缔造之国土，茹劳犯险所涵育之文明，庶几其不隳乎！庶几其不隳乎！此吾所愿吾同学躬与吾校二十周纪念之盛者，各以自觉而警醒也。

三

且时局艰危，风云蔽天。自今二十年前，吾校之责任尚轻；自今二十年后，吾校之责任实重。质言之，吾校于未举二十周纪念之前，责任尚轻；吾校于既举二十周纪念之后，责任实重。何以言之？自今以后，时势愈险，则望救世俊杰益亟；望救世俊杰益亟，则吾校同学益当自奋。于是吾校此后为国家培植人才之责任益重。故吾以为吾校此次二十周纪念，非仅纪念往者而已也，实使吾同学发自觉心，确审自己所处地位而力自奋勉也。故吾因吾校二十周纪念，而感想及于吾所敬爱之学风，而感想及于吾所敬爱之国家，而感想及于吾所敬爱之学友。吾校学友多矣，不能尽悉。言吾同级学友中，为吾所敬爱钦仰者，则各级中可推而知，则全校中可推而知，则经此千载一时之二十周纪念以后，吾校之大有造于吾国家者何若，亦可推而知也。吾所敬爱钦仰之学友，敏慧温良持重若俊时，沈毅和蔼诚挚若精一，好学深思笃实若丕显，聪明忠直自爱若萼礽。求学为己，不耻下问，则有铁岩、恕兼；勤敏研学，视友如己，则有惕言、荫吾；饬身谨慎，学业拔萃，则有问渠、强斋；怡性陶情，斯文之英，则有叙百、浚丞；学如不及，贯彻会通，则有哲之、子谟；义勇有为，嫉恶如仇，则有诚一、瀚生。于戏盛哉，济济多士！中国而无可为也，则吾不复忍有所言；中国而有可为也，则未来救世俊杰，非异人任。此吾于吾校二十周纪念，默溯已往，希望未来，感想吾所敬爱钦仰之学友，所为距跃三百，喜不自胜也。

呜呼！吾敬爱钦仰之学友乎！吾非敢作矜饰虚骄之气也。吾侪处此风雨飘摇之世，适遇国势遭屯之会，非各自竭力奋斗以辟新境界，将来即欲为一饱食暖衣携妻抱子之庸人而不可得。此义也，梁任公先生昔莅吾校演说，言之有余痛矣。故吾间尝深居独念，而深自悲，惕怵彷徨，忧伤憔悴。继思吾敬爱钦仰后生可畏之学友，苟能同气相求，同类相应，成一无形之团体，造一良善之学风，各以天赋良知为主宰，而以己溺己饥、立达与俱相策励。如曾文正之立志自拔于流俗，而困而知而勉而行，历百千艰阻而不挫屈，不求近效，铢积寸累，受之以虚，将之以勤，植之以刚，贞之以恒，帅之以诚，勇猛精进，坚苦卓绝。（上自"自拔"以下数句，为梁任公先生序《曾文正公嘉言抄》中语，余酷爱诵之）以吾敬爱钦仰后生可畏学友天赋之资，益以如是切劘磨砻，则将来唤醒国人之噩梦，蹶起国人之沉疴，拔诸晦盲绝望之渊，而进诸缉熙光明之域者，其在斯人乎！其在斯人乎！则深以自慰，而未敢以告人，诚以人或以其为狂易也。今逢吾校二十周纪念之盛，又复感想及此，以为值此盛会，气象一新，苟全校优秀分子因以发其自觉之心，而存此自拔之意，则学风必冥冥中为之一变。而吾校者，东南之巨擘也，渐使全国学风为之一变，殊不甚难。梁任公所谓惟恃一己之心力，不吐不茹，不靡不回，卒乃变举世之风气，而挽一世之浩劫（亦《曾文正公嘉言抄》序中语），是则在吾侪自持何如矣。

呜呼！吾敬爱钦仰之良友乎，苟吾侪自此知奋勉前进，同心协力，首与各自恶习奋斗，继与世俗恶潮奋斗，能有所成就，而于吾颠连困辱之国家或有所济。则再越四十载，吾敬爱之母校举六十周纪念，庆逢周甲，吾将与吾友俊时、精一、丕显、萼初、铁岩、恕兼、惕言、荫吾、问渠、强斋、叙百、浚丞、哲之、子谟、诚一、瀚生，联袂携手，愿分介兕之荣，远道绵绵，共遂趋兔之愿。再越六十载，吾敬爱之母校举八十周纪念，庆逢上寿，吾侪亦皆老矣，而自顾吾同志已往之行，可无大过，而免怀惭，而后进之英，泉涌潮发，则吾又将与吾友皓首雪髯，倚杖观焉。而追念前此数十载前尘影事，握手唏嘘相对，相劳苦，悲喜交集，不知所云矣。

呜呼！是吾所梦寐萦回，诚心祝祷，与吾良友共勉之，且愿与吾校优秀分子共勉之。诚若是乎，则吾当吾校二十周纪念之时，念前途万里，希望无穷，吾安得不喜极而狂！念此二十周纪念不过为吾校六十周纪念、八十周纪念之开始，而将来六十周纪念、八十周纪念，国势较今日进步万万，校务较今日进步万万，则其盛况，更当何若？吾安得不喜而狂！不然，吾侪苟不自振，与草木同腐，国家有此不为多，无此不为少，则所谓吾校此后为国家培植人才责任益重，亦徒托空言耳。则吾当吾校二十周纪念之盛，徒增悲耳，何贺之有？诚若是乎，则吾愿早就木焉，不愿为老而不死之为贼，当吾校举六十周、八十周纪念时，犹觍然登华堂而忭舞也。呜呼！闻者勿以吾为狂易也。昔曾文正丁人心陷溺之极运，初与倭仁、唐鉴、何桂珍辈讲举世无人过问之学，其受挫折讥妒不知凡几，而卒毅然能以天下自任。其所讲之学，虽与近世不无异同，而其强毅精神则后人所当拳拳服膺也。抑吾闻之，使人之处世，也常如在火宅，如在敌围，则所谓"烟士披里纯"inspiration日与相随，虽百千阻力何所可畏？虽擎天事业何所不成？吾青年现在所处地位，与火宅、敌围相去几希。前途惟有二路，一曰饿殍枯骨，一曰辟新境界，惟吾有志之士自择之。

呜呼！恩润多感人也，因思吾校二十周纪念之盛，而思吾敬爱之校风，而思吾敬爱之国家，而思吾敬爱之同志，万感毕集，彻宵不寐。乃黎明而起，搦管急书，热血在腔，随笔奎涌，不自知其言之不可，吾惟书吾所感想而已。吾言既尽，乃复虔虔馨香默祷曰：吾敬爱之工业专门学校万岁！吾敬爱之国家万岁！！吾敬爱之学友万岁！！！

怎样研究工程科学和研究些什么？

钱学森

　　钱学森（1911—2009），浙江杭州人，生于上海。应用力学、航天技术和系统科学家，中国科学院、中国工程院院士。1934年交通大学机械工程学院毕业，1935年赴美留学，先后获得麻省理工学院硕士学位，加州理工学院航空、数学博士学位。1955年回国。1959年加入中国共产党。中国航天事业的奠基人之一，系统工程理论与应用研究的倡导人，"两弹一星"元勋，为我国火箭、导弹和航天事业的创建与发展做出了卓越贡献，在空气动力学、航空工程、喷气推进、工程控制论、物理力学等技术科学领域做出许多开创性贡献。1991年获"国家杰出贡献科学家"荣誉称号。1999年被授予"两弹一星"功勋奖章。2009年获上海交大杰出校友终身成就奖。

原载《工程界》第2卷第12期，1947年12月号，第3—5页。本文为钱学森1947年8月在交通大学航空系的演讲记录，记录者陈国祥为交通大学1947届机械工程系校友。收入本书时略做改动。

　　大家知道这十几年以来科学和工程有着飞速的发展。譬如，飞机在十几年以前，可说是一种玩具，速度每小时不过一百里，航程也只有几百里，但到今天，飞机最快可飞到每小时六百二十一里，马上就要超出音速，而航程可以一万里了。这种成绩在当时能预料吗？还有原子能的基本原理$E=1/2mv^2$，本来是人所熟知的牛顿第三定律，可是原子能的利用还不过是刚刚的事情。为什么这几年来工程上有如此辉煌的成就呢？难道其中有什么奥妙不成？不错，在从前工程上的进展常要靠经验或实验而来，用理论分析的地方比较少。当然，经验的累积是长时期的，所以进展就慢得多。现在工程的发展，却完全是分析及理论的帮助，所以进步是飞速的，还有从前以为工程师只要有经验就行，理论科学没有用处；实际上，这是一个错误的观念。

　　经验和理论应该是不可分的，这一点，只要举两个例子便可以明了。例如，牛顿是一位大科学家，普通人总以为他不懂工程，可是在英国牛津有一座桥就是他设计的。欧拉（Euler）也是科学家，可是他的柱体计算公式解决了土木工程上最重要的柱体问题。这种例子举不胜举，意思就是说，在从前科学和工程实际上并没有分家，只是因为在以后两方面都要发展得很快，范围愈来愈广博，学识也愈来愈高深，艺人的能力有限，不能兼顾，所以实用的工程和理论的科学就分了家。有的人注重工程或制造的细节，而不注重一般的理论；而另外一些人则注重科学或基本的原理，忽略了实际的问题。这样互相猜忌的结果，使两派不能合作。例如流体力学中，有两个基本的假定：一是水不能被压缩；二是水没有黏着性。有了这两个假定流体的性质才能研究，可是工程家觉得并不切合实用，因为水其实可以有少许压缩性，而黏着性实在是有的。因此工程家便根据经验的结果，这样就有了水力学这一门实用的学科，所以水力学严格讲起来，不过是一种经验式和系数的集合，其中许多系数和改正值在理论家看来是不值一文的，这种地方，就是两派不能合作的原因。

这种不能合作，一直到二十世纪的开始，才慢慢地改观，科学的理论也渐渐的应用到工程上去了。而这里德国哥廷根大学的教授菲利克斯·克莱因（Felix Klein）实在是一位功臣。他有一次参观纽约博览会以后，觉得美国是物产丰富的国家，如再加以人力，则欧洲一定无法与之竞争，唯有科学技术，才能占优胜的地位。回国后，便提倡把基本科学应用到实用科学上面，并创立一新学科，名叫应用力学（Applied Mechanics），因为那时的工程问题，都属机械性质的，所以先将这一门工程理论化。他的努力在学理上很有成就。那时听讲的学生，都成为现在的专家，其中包括普朗特（Prandtl）、冯·卡门（Von Kármán）、季莫申科（Timoshenko）、布斯曼（Busmann）、阿克雷特（Ackeret）等都是研究流体力学、空气动力学和超音速学的当代大师。虽然他的政治希望没有成功（以上几位专家现在大半在美国），可是已奠定了实用科学的基础。以下讲的就是实用科学所研究的一些主要内容。

工程科学的研究方向

这里有两大类问题要去研究：第一种是科学或工程的单独问题。第二是某种现象的普遍研究。前者的例子是火箭的设计；后者例如湍流（Turbulence）的问题，因为湍流问题如解决了，不单只对于水力学有意义，而且对于空气动力学、气象学、引擎燃烧室的设计等都有直接的帮助。现在将这两大类问题分开来讨论：

（一）在工程发展的研究这一个问题中需要做的工作有下面几点。

首先，在研究一种新的意见时，要看是否合理。例如有人设计了一座桥幅一千尺的吊桥，如果先去问某大造桥公司，问他是否能做。在这种场合，总经理一定去问公司中经验丰富的总工程师，可是他不能立即回答这问题，因为他对于新的计划，如果没有做过，就缺少成功的把握，所以得让研究部门去考虑这一个设计，是否合理？可赚多少钱？等等。而且这种设计原理往往是比较新奇的东西，简直就无先例可援，非要用基本科学原理去分析不可。即使原理通过了，能不能制造还成问题。没有工程经验，这一点就不能决定。

其次，初步的研究就是把最可行的各种方法找出来。可达到同一目的的方法可能有十几种，要从这十几种方法中挑出两三种最可能或最容易的途径来。当然不能拿一种一种的方法来试验，一定要靠经验和眼光来估计和比较，例如前面所说火箭可用的燃料，化学家可以开出一大批名字出来。用哪一种最合适，就要靠理解了。

最后，要分析一种设计中可能有的弱点或困难之处。因为，某个设计因忽略了某种重要因素而失败的情形是非常多的。即使在美国，前些时也有一座吊桥竟会被风吹断，这简直可以说是一个大笑话，推究责任，原来是设计时，工程师忘了摇摆会很大地影响强度这一点最基本学识。这种问题如果能事先估算，解决是并不困难的。

（二）在基本科学上的研究，主要有下面两点。

首先是某种基本现象的理解。这种研究的结果不仅是一项工程受益而已，例如前面讲过的湍流问题到现在仍没有完全解决。

其次是研究某种科学的新部门以符合工程上的新发展。今日航空工程的发展并不是偶然的，飞得高，飞得快，超过一个限度所引起的一种现象，就不是普通空气动力学或流体力学所能解释的，需要科学家另辟新道路来研究。例如1936年美国富兰克林学院的扎尔姆（Zalm）教授就新倡一种学问叫作稀薄气体动力学（Rarefied Gas Dynamics），就是在高空中的空气动力学。因为普通飞机在低空中飞行，都应用流体力学的理论。空气在低空中因为分子的平均自由程（Mean Free Path）相当小，约10^{-6} cm，所以还可称为流体。可是在一百里高空的低气压中，空气中的分子平均活动距离达1 cm，所以种种现象不能再用普通的空气动力学去解释了。还有超音速和高超音速（Supersonic and Hypersonic），比音速大的速度叫作超音速，可是大得太多了就叫高超音速。其理论各有不同的问题，因为飞机增加速度的需要，所以布斯曼（Busmann）和阿克雷特（Ackeret），对于这方面特别努力，并且已经稍有成绩，可是离成功还远。这种学问对于飞机和各种新武器的设计关系很大，所以要做准备工作。

现在把各种工程科学（Engineering Science）所应该研究的方向都讲过了，可是用什么方法以及受哪种训练才可以从事这种研究呢？

研究的方法

（一）要将问题简单化。

有许多问题如果不加假定简直无法下手。例如以前提到的流体力学中两种基本假定，就是不能压缩及无黏着性两点，虽然不合实际，不能跟经验完全符合，可是没有这种假设，简直就无法进行，有了假定才可以做出局部的结果。所以在研究问题时必须先做一番整理工作，什么需要考虑，什么不需要加以考虑，这就要观察整个问题加以理解，而同时要参考实验的结果，因为理论和实验要互相呼应，才能收效而帮助工程的发展。

（二）实验家同理论家要密切合作。

做实验如果仅仅空泛地乱试，往往不得要领。如果问题复杂，则更不易得到肯定的结果。无论做实验或做题目，都必须全面认识问题，为推测一种可能的结果。做实验的目的不过是校对以前的测定对不对。所以这"工作假定"（Working Hypothesis）非常要紧。"工作假定"如何成立，并没有一定的方法，完全要靠经验和直觉，学识充足经验丰富，就容易分辨，所以做问题的动机和种种假定并无科学的分析或根据在内，末了一步才用科学方法来证明这种动机和假定准确不准确或对不对。

什么是工程科学的基本学识

上面讲的是研究工程科学的方法，以下讲的是研究所需用的基本学识。这里有两种基本的研究工具。一是实际经验，二是基本科学，前者指制造技术和实际工作的经验，而后者指近代的物理化学和数学的学识根基。例如从前因为解释物质的性质而发现了分子原子和分子运动说。而原子炸弹的成功不过是更进一步证明以上学说的准确性，从前得到的结论就是现在的根据。这就是要读理化的原因。数学也是研究工具之一，所谓数学就是一种合理的逻辑推理（Logical Reasoning）而已。除了工程学校所学到的几种基本数学以外，还有几种要学会的就是分析（Analysis）、偏微分（Partial Differentiation）和积分方程式（Integral Equation）、计算机（Computing Machine）。前两种数学，在很多工程问题中就要用到，而现在的计算机也不仅是加减乘除，还可以解答复杂的微分方程式，可以计算出弹道和射程来，所以也必须懂得。

这样讲起来，一位研究工程科学的人就要学到很多东西了；在工程学校毕业的要补读高等理化和数学，从理学院出来的补修工程知识和工程经验。虽然学习的时间是跟着时代而愈来愈长了，可是学好了以后，任何方面的问题都可以迎刃而解，成为一个标准的"博士"，对于工程的进步可以有直接的贡献。最近工程科学的发展，原子弹、雷达、火箭，及可塑体的发明，全是这帮人的功劳。以下所讲，就是研究工程科学时有哪些部门可以着手，可以分成多少类。

研究些什么

（一）流体力学（Fluid Mechanics）。

这里面有许多问题还待解决。例如湍流、跨音速、超音速、高超音速，及所谓边界层、激波，以及种种稀薄空气动力学的问题都还没有彻底了解。这些问题如能解决，火箭、飞机又可进步不少。

（二）弹性学（Elasticity）。

有许多学说还不大准确，所谓"热冲击"也莫名所以。这类问题的研究将有助于热力机，尤其是气体涡轮中涡轮叶片的强度问题等。

（三）塑性变形（Plasticity）。

这种物体不受杨氏定理管束，可是还没有条理的结果出现，因为基本的试验还没有完成。

（四）热力学（Thermodynamics）。

种种物质与能的关系问题。

以上四种都属于德国人克莱因教授所著"实用力学"的内容，可是因时代的进展又有下列几种新的学问需要研究。

（五）燃烧问题（Combustion）。

如何决定燃烧速率？如何设计燃烧室？从前所靠的全是试验和经验，还没有基本的理论。这种学问包括化学动力学、气体动力学和热力学。

（六）电子学（Electronics）。

这里研究的是电子的运动和距离与电量的种种问题。雷达，这次大战中盟军的功臣，就是这门研究的产物。

（七）材料学（Materials Science）。

工程材料学现在所靠的全是试验的结果，没有一种理论方法能解决材料的强度，所以进展很慢。这种学问包括物理和经验。

（八）原子核（Nucleus）的研究。

这种学问包括现代的物理和化学，研究的中心就是物质与能量的变换及利用原子能的问题。

现代的科学可以算是网络万物，自然界的现象都可以解释了，所以科学家剩下的问题全是实用不实用的问题，并不是可能或不可能的问题。原子能几年以前大家以为是不可能的，可是美国花了30亿美金，原子能就能利用了。工程科学的责任就是去解决任何有关科学进展的问题。

最后，美国著名的原子学家尤里说过几句话，对于从事工程科学是一个良好的座右铭，他说："我们的责任就是要除去不安适、不满足和贫苦，我们要贡献给人类的就是安逸、闲暇和优美。"（We purpose to eliminate discomfort, want and misery from our society, and give comfort, leisure and the beauty to humanity.）

独立，成就更好的自己——2015级新生开学典礼演讲

张 杰

张杰，1958年1月生，山西太原人。物理学家，中国科学院院士。1982年、1985年先后毕业于内蒙古大学物理系半导体物理专业、固体物理专业，获学士和硕士学位。1988年获中国科学院物理研究所博士学位。1989—1998年先后在德国马普学会量子光学所、英国卢瑟福实验室等科研单位工作。1999—2003年任中国科学院物理研究所研究员、博士生导师，光物理重点实验室主任，副所长。2003—2006年任中国科学院基础科学局局长。2006—2017年任上海交通大学校长、党委常委。2017—2018年任中国科学院副院长、党组成员。现任中国物理学会理事长、上海交通大学李政道研究所所长等。

原载张杰：《十年筑梦录——张杰演讲集》，上海交通大学出版社2022年版，第29—36页。

亲爱的2015级同学们：

大家好！

今天是公元2015年9月13日。此刻，全球交大人的目光正聚焦于会场，聚焦于你们，2015级交大新生，来自115个国家和地区的12 000多名新交大人，交大欢迎你们！

你们从五湖四海、天南地北相聚于交大。你们当中，有来自江西的李阳同学，你因为对希格斯粒子的兴趣和向往浩瀚无垠星空的壮阔与神秘来到了交大，也许这几天还来不及像传说中的学长那样去感受大草坪的星空，就要马上投入忙碌地选课和学习；来自辽宁的丁正一同学，刚满14周岁的你，也许一边正与父母道别，一边就要自己去寻找，在这近5 000亩校园内的上院、中院和下院；来自意大利的斯特凡诺·科尔巴尼同学，你从地球的另一端，飞行近万公里，来到交通大学，也许还来不及调整时差，你就要去熟悉南洋、宣怀、叔同，那么多承载交大文化的校内路名。

来到交大，我相信你们除了兴奋和激动外，会对即将开始的新生活有些迷茫和疑惑，当热闹的新生入学季过去时，又会有什么开始在你心底积淀，让你们在大学阶段养成独立的人格、造就更好的自己？今天我讲演的主题是独立，我想与你们一起探讨独立的三个方面——自信、自励、自省，希望从自我认同、自我驱动和自我审视这三个角度与你们一起思考独立的含义。

独立之一——自信。同学们，你们都是在竞争中胜出的佼佼者，相信你们一定比同龄人多一份自信。然而，来到交大，你会发现周围都是和你一样出色的同学，他们甚至比你想象得更加优秀。第一天开班会，同学们互相自我介绍时，也许你会发现钢琴十级并没有什么了不起，坐在你身边的同学就曾经代表国家在世界舞台上演出过；做过学生干部也并不代表什么，你的三位室友可能恰好是三个不同高中的学生会主席；第一次课程考试结束后，身边的同学也许轻松地拿到90分，而埋头啃了好久参考书的自己刚刚勉强及格。这个时候，紧张和焦虑会让你的自信开始瓦解。当你们只看到别人的优点，而看不清自己的追求，就会产生迷茫和不自信。在这个时候，最重要的就是要相信自己，就是要毫不犹豫、毫不退缩地追逐自己的梦想，建立独属于你的自信。

在座的哪位同学有自信在火车上高声演讲，对着全体乘客谈论你的梦想？刚刚毕业的安泰经管学院的黄冬昕同学在大二时就勇敢地跨出了许多人不敢走出的这一步。他带着一把小提琴、一个背包和50元现金只身上路，通过火车上的表演和演说筹集到4 850元钱，他完成了跨越15个省市的梦想，并把除去旅费的钱全部捐献给公益事业，为农村孩子带去了希望。自信是点燃梦想的火种，因追逐梦想而燃烧激情才能产生真正的、持久的自信。我希望，每一名交大的学子都能够不受外界的干扰，独立地学习和思考，大声说出内心深处的梦想，用自信去奏响你们人生的每一个乐章！

独立之二——自励。今天，和你们一同坐在台下的还有一位我特意为你们请来的嘉宾。2012年6月15日的凌晨，人类历史上第一次通过这位年仅25岁女孩的眼睛，发现了人类苦苦找寻半个世纪的希格斯粒子的存在！这位发现"上帝粒子"的女孩就是你们的学姐，机械与动力工程学院2004级校友杨明明。正是杨明明和她团队的发现为2013年的诺贝尔物理学奖做出了重要贡献，也让霍金输掉了那个100美元的赌局！

从交通大学毕业之后，杨明明赴MIT攻读物理学博士，并在欧洲核子研究中心（CERN）一待就是三年多。那一段时间，除去每天三四个小时的睡眠和休息外，她沉浸在实验室中，观测、研究、讨论，与数以千计的全世界最顶尖的科学家们交流、碰撞。杨明明将这段经历作为她至今最有意义、最有价值的一段生命旅程。她说："我就像一束光一样在时空中旅行，直到我发现可以让我停留的领域。从希格斯预言到'上帝粒子'被证实，用了将近50年的时间。能够在我们的时代，和那样一群忘我的同事们并肩奋斗，亲眼观测到'上帝粒子'，已经可以终生无憾了。永恒的意义是什么？我想，永恒的意义就在于经历永恒的每一个瞬间。"是什么让杨明明持续燃烧自己的激情，义无反顾地去探索宇宙最终极的奥秘？我认为，是一种内生驱动的自我激励！自励，就是始终保持追求卓越的惯性，它源于内心深处的热爱和矢志追求的纯粹。用热爱激励自己，你会发现自己身上蕴藏的无穷潜能；用纯粹激励自己，你会发现挫折不过是一时的风景。自励是持续创造激情的过程，也是知识探究的不竭动力。我希望，每一名交大的学子都能够在自我激励中保持独立地创造，多一份热爱、多一份纯粹！

独立之三——自省。今年6月，我在和毕业班学生座谈中，听到他们对大学生活的精辟总结："上大学的过程是从不知道到知道再到不知道的过程。一开始是不知道自己不知道，逐渐才知道自己不知道；后来又不知道自己知道，再后来才能知道自己知道；到最后是以为自己都知道，才知道自己还有更多不知道。"真正的"知道"和"不知道"都来源于自省，自省就是要在一次次审视中超越自我。

你们有这样的一位师兄，他叫戴文渊。他在校时曾在第29届世界ACM大赛中夺得全球总冠军，但荣誉和光环并没有让他迷失自我，反而让他自省人生真正的价值所在。毕业后，戴文渊在自己的兴趣驱动下，先入百度，帮助百度建起了中国最大最成功的学习系统，被誉为迁移学习领域天才少年，获得百度百万美元最高奖。短短三年，年仅29岁的戴文渊就晋升为凤毛麟角的T10级百度科学家，这几乎是在百度工作的众多名校毕业生追求一生的目标。站在前进的路口，戴文渊又一次审视自己，询问自己在"互联网+"时代的发展方向会在哪里。2014年，这位被IT界精英膜拜的"大神"再次选择自我超越，与全球顶尖的数据科学家一起创立"第四范式"公司，志在用数据刻画规律，让数据创造价值，"用技术改变世界"。角色在变、领域在变，不变的是他通过自省不断超越自我的人生态度。

同样，你们即将开始的大学生活，就是一个自省的过程。自省的前提是"知道什么对自己更重要"：在学习过程中找到"什么比分数更重要"，在研究过程中找到"什么比论文更重要"，在人生规划中找到"什么比职业更重要"。我希望，从今天起，每一名同学都能够通过寻找这三个"更重要"，将自省作为自己的座右铭，在自我超越中去实现独立！

同学们，大学生活本身就是从确定性思维到批判性思维，从随流从众到内心觉醒的转变过程。独立，是你们人生必经的道路。从今天开始，我希望你们能够开始自觉地走向独立，在你们成长的道路上，不要害怕失败，更不要拒绝改变，愿你们在"自信、自励、自省"中无所畏惧、披荆斩棘，努力成为你们想成为的那个人。独立，让你们在未来成就更好的自己！

谢谢大家！

2015年9月13日

上庠菁英

聚焦交大人物，展现交大人精神风貌

盛宣怀——大变动时代的明白人

熊月之

熊月之，1949年生，江苏淮阴人。上海社会科学院研究员，上海市文史馆研究馆员，中国历史研究院学术咨询委员。曾任上海社会科学院副院长、历史研究所所长，中国史学会副会长、中国孙中山研究会会长、中国城市史研究会会长、上海市社联副主席、上海市历史学会会长，兼任复旦大学暨华东师范大学历史学博士生导师。曾任美国加州大学戴维斯分校、伯克利分校、英国牛津大学、德国海德堡大学、哥廷根大学、爱尔兰根大学等校访问学者。著有《中国近代民主思想史》《西学东渐与晚清社会》《西风东渐与近代社会》《上海租界与近代中国》《冯桂芬评传》《异质文化交织下的上海都市生活》《海派映照下的江南人物》《上海人解析》《光明的摇篮》《魔都上海的魔力与魔性》等，主编《上海通史》《上海简史》。

本文为"中国式近代化视野下的盛宣怀研究"学术研讨会大会报告，2024年11月4日登载于"澎湃新闻"网。收入本书时略作改动。

盛宣怀（1844—1916），江苏武进人，字杏荪，号愚斋。中国近代实业家、教育家、慈善家，清末洋务运动代表人物，创办了中国最早的轮船、电报、煤矿、冶炼、铁路、纺织、银行等近代新兴事业。在开拓事业的征程中，他深感教育与人才的重要，创办中国人自己最早创办的两所近代大学——北洋大学堂和南洋公学，对中国近代学校教育制度的建立起到了率先垂范的作用。

盛宣怀所处的时代，是所谓三千年未有之大变局时代，中国所处的国际环境、国内状况，都发生了前所未有的巨大变化，人们的生产方式、生活方式、价值观念、审美情趣，还有交通、通信、教育、卫生等方面条件，都发生了根本性变化。

身处这样的时代，国家向何处去，个人向哪里走，是摆在每一个不甘沉沦、不甘落伍的有识之士、有志之士面前的现实问题，也是一个不容回避的迫切问题。盛宣怀与一批时代精英，闯出了一条极为明智、极为艰难、极有贡献的道路，成为大变动时代的明白人、现代化建设的实干家、大动荡时局的主心骨。

善抓根本的聪明人

盛宣怀的贡献，我们可以列出十条二十条：轮船招商局、华盛纺织总局、上海电报局、中国通商银行、汉冶萍煤铁厂矿公司、中国铁路总公司、中国红十字会等，每一条都很重要。洋务派掌握的轮、电、煤、纺四大企业中，由他直接管理的便有三类。综观晚清从事新式企业的众多实业家，论开拓之广、成就之高、影响之大，无出其右者。

我以为，在那么多重要贡献当中，最为重要、最有远见、最能体现他时代眼光的，是兴办近代教育，创办北洋、南洋两所大学。变革科举，发展新式教育，是鸦片战争以后有识之士就不断呼吁的问题。道光、咸丰年间，很多人批评科举考试与传统教育体制腐败不堪，教学内容空疏无用，严重脱离现实，教官大多昏昧无学，滥竽充数。但是，一直难以有实质性的改变。十年过去了，二十年过去了，还是没有动静。冯桂芬、王韬、郑观应等思想家，丁日昌、李鸿章等明智官员，都在这方面呼吁了不知道多少次，努力过不知道多少回，但是效果一直不显著。那时候，要办新式大事，必须居大位，有大权，有大财，还要有眼光。但是，现实生活中，往往有位有权有钱的人没有眼光，有眼光的大多没位没权没钱。上海人张焕纶是有眼光没有权没有钱，只能从办成本最低的新式小学开始，于是在1878年创立正蒙书院，1882年改名梅溪书院。这就是胡适等人日后就读的新式学校。

到1895年以后，盛宣怀有地位有实力，又有眼光，于是这个情况才发生了变化，办起了北洋大学堂（1895年，今天津大学）与南洋公学（1896年，今上海交通大学与西安交通大学）。这在中国近代教育史上，在中国现代化进程中，都是具有标志性意义的大事，是长远大计、根本大计。从鸦片战争到甲午战争以后的1895年，半个世纪过去了，中国才办起这么两所大学，可见进步是多么的艰难，也可见盛宣怀是多么的了不起。查20世纪初到欧美留学的学生名录，除了圣约翰大学这样的教会学校之外，最集中的就是南洋与北洋大学的学生，他们日后都成了中国近现代化事业的栋梁之材。

除了这两所著名的大学，为了适应新式企业的需要，他还创办了天津电报学堂、上海电报学堂、烟台矿务学堂、轮船招商局驾驶学堂、汉阳铁厂学堂、卢汉铁路学堂等。特别指出的是，他还是1876年创办的上海格致书院最重要的赞助人之一，也是格致书院培养新式人才的导师。从1886年至1894年，他先后6次给格致书院学生出题目，让学生作文，并亲自批阅课艺。他是其时给格致书院学生出题次数最多的官员。所出课艺题目，涉及轮船、电报、铁路、邮政、炼铁、纺织、与洋商争夺工商利权等问题，这些都与他当时所办洋务直接有关，时间正好是他创办大学之前。在一定意义上可以说，资助上海格致书院，参与上海格致书院办学，是他随后创办两所大学的先声。他与格致书院的一些学生，都以师生之礼相处，对那些学生格外提携。

教育如此，其他很多事业也是如此，开矿、采煤、炼铁、修铁路、办招商局、电报局、通商银行，都需要高远的眼光与一定的实力。

需要强调的是，他办这些事，都是从国家根本利益与长远大计出发，而不仅仅是谋个人的私利。晚清两江总督沈葆桢说过这样一段名言：中国不可以没有铁路，但中国铁路不可以从我开始。正因为他抱持这样的态度，所以在他担任两江总督任内，刚刚造起来的吴淞铁路就被拆掉了，20年后才又重新建起来。沈葆桢并不是糊涂人，在洋务方面也有重要贡献，但是他把个人的清誉看得太重。李鸿章、盛宣怀是明于事理、勇于任事、敢于担当的人，善于抓住根本的人。

近代化建设的实干家

鸦片战争以后，特别是第二次鸦片战争以后，有眼光的人很多，明白中国要开矿、采煤、炼铁、修路，要办洋务的人很多，但是有这方面实干才能的人不多。盛宣怀为什么能脱颖而出，除了李鸿章的提携、重用以外，过人的办事能力，是根本的内因。很多事，他自己不懂，但是他知道怎么办。

第一，他善于学习，学习新的知识。若你去看上海图书馆的盛宣怀档案，就知道他十分注意学习自己原先所不懂的东西，包括学习国际知识与现代企业管理知识。他与王韬、钟天纬等人交往，很重要的内容便是讨教新的知识。

第二，他善于用人。重用那些懂得现代业务的人，高薪聘请洋员，放手使用买办，徐润、唐廷枢、郑观应，他都重用。那些人是买办出身，在很多人眼中，都是有争议的人物。盛宣怀了不起的地方就是，他看准了，就放手做，用人所长，务必做成。他也在自己熟悉的年轻人当中选拔人才，钟天纬就是一例。

第三，他善于处理各方面关系。盛宣怀处理那么多的关系，有比他地位高的，有比他地位低的，有同僚朋友，有亲戚同乡，他都处理得相当得体。盛档中有一批非常特殊的资料，就是每年四时八节，他给京城官员打点的清单，这批档案反映了盛宣怀的精明、世事洞明、人情练达。还有很多资料是盛宣怀帮人安排工作的，最有时代特点的工作，是挂名干薪，王韬就是其中一个。当然，王韬并不是完全不干事，而是干那些与企业没有直接关系，但对社会有价值、对盛宣怀有价值的事。盛宣怀善于读有字之书，也善于读无字之书，所以，他的朋友越来越多，事业越做越大。

大动荡时局的主心骨

近代中国的谷底是庚子年，1900年。八国联军侵略中国，中国惨败，慈禧太后与光绪皇帝西逃，最后签订了《辛丑条约》。在这个过程中，发生了一件重大事件，即东南互保。盛是互保的关键人物。他利用电报局督办的权力，将慈禧太后的宣战诏书压了下来，随后给时在广东的李鸿章发了电报，使得东南各省督抚联成一气，维持了危局。这封极其重要的电报，保住了南方半壁江山的安宁和繁荣，也准确地预测了清末最后十年发展的脉络。这需要高远的眼光、巨大的勇气、干练的手段。他冒了极大的风险，弄得不好，不光性命难保，还可能满门抄斩。他看到什么是世界大势，看到中国在中西力量对比中的地位，看到什么是国家根本利益所在，什么是个人在国家前途、命运中应有的担当。正是在这个意义上，可以说东南互保，对于上海，对于江南，对于全中国，意义极大。当然，这件事是多位大臣、众多江南士绅共同努力的结果，包括两江总督刘坤一、湖广总督张之洞、两广总督李鸿章、闽浙总督许应骙等，上海道台余联沅从中牵线搭桥，而盛宣怀是关键中的关键人物。

以上三条，善抓根本的聪明人，眼力；现代化建设的实干家，能力；大动荡时局的主心骨，定力。眼力、能力、定力加起来，成就了他的伟业。

解读盛宣怀，我想到了一个可以与盛宣怀做一比较的日本名人，涩泽荣一（1840—1931），是日本明治维新时期最著名的实业家，自

1868年起，创立了日本第一家银行和贸易公司，创办大阪纺织公司，他的资本进入铁路、轮船、渔业、印刷、钢铁、煤气、电气、炼油和采矿等重要经济部门，曾任日本第一国立银行总裁，1916年退休后致力于社会福利事业。他拥有"日本企业之父""日本金融之王""日本近代实业界之父"等桂冠。最新版的一万日元的纸币，印的便是涩泽荣一的头像，可见其地位之高。

在兴办近代实业方面，盛宣怀与涩泽荣一颇为相似。有所不同的是，涩泽注意总结自己的经济思想，著有《论语和算盘》一书。他将自己的成功之道，总结为一手《论语》，一手算盘，既讲精打细算赚钱之术，也讲儒家忠恕之道。他认为自己的工作，就是要通过《论语》来提高商人的道德，使商人明晓取之有道的道理；同时又要让其他人知道求利其实并不违背"至圣先师"的古训，尽可以放手追求阳光下的利益，而不必以为于道德有亏。他说："算盘要靠《论语》来拨动；同时《论语》也要靠算盘才能从事真正的致富活动"。

盛宣怀扮演的角色与涩泽荣一高度相似。盛宣怀在世时就被李鸿章称为"一手官印，一手算盘，亦官亦商，左右逢源"，被经元善称为"一只手捞十六颗夜明珠"。从某种意义上可以说，盛宣怀就是近代中国自强运动中的涩泽荣一，其贡献一点不比涩泽逊色。盛宣怀，是传统文化哺育出来的英才，也是吸收西方文化中有价值部分的人才，是对优秀传统文化创造性转化、创新性发展的典范。盛宣怀做了很多事，赚了很多钱，也行了很多善，教育、慈善最为突出。穷则独善其身，达则兼济天下。盛宣怀一生参与和组织的赈灾活动有63次，累计捐款一百几十万两，堪称赈灾巨人。鉴于他在慈善方面的卓著功勋，被清政府任命为第一任中国红十字会会长。

亚当·斯密写过两部名著，一部是《国富论》，另一部是《道德情操论》，这两部书，放到中国文化语境中，便是算盘与《论语》。可惜的是，盛宣怀没有对自己的一生进行系统总结。但从其实践看，他正是一手《论语》，一手算盘，将中华优秀传统文化与现代资本主义精神有机结合，成就了他的非凡业绩。

　　从这个意义上，我们可以说，盛宣怀是一部大书，值得我们认真解读，一读再读。

流水年华忆往事
——纪念王公衡教授

何友声

何友声（1931—2018），浙江宁波人。力学家，教育学家，中国工程院院士。1952年毕业于同济大学流体力学专业，后在大连工学院造船系工作。1955年进入交通大学任教，1957年被选送到清华大学力学研究班深造，并兼任辅导教师。1986—1992年担任上海交通大学党委书记。2002年遴选为欧洲科学院院士。长期从事船舶原理、高速水动力学、飞行力学和出入水理论研究。

原载《上海交通大学通讯》1998年第1期，第53—54页。原文标题是《流水年华忆往事———纪念王公衡教授逝世十周年》。收入本书时略作改动。

王公衡（1906—1987），山东潍坊人。1931年毕业于唐山交通大学土木工程系，1933年留学英国，1938年毕业于英国格林尼治皇家海军学院造舰系。1943年与杨仁杰、杨槱一起在交通大学创建我国第一个造船系。1948年作为中国政府代表出席国际海上人命安全会议，并参与制订和翻译了《一九四八年国际海上人命安全公约》。新中国成立后，曾任上海交通大学造船系教授，中国造船工程学会理事，《船舶工程辞典》总编辑，上海市第二、三、四、五、七届人民代表大会代表。1978年随时任国务院副总理王震赴英访问，任技术顾问。1954—1959年在上海交通大学主持筹建了我国第一座设备先进的双轨拖车式船模试验池，为我国造船科学的发展起了积极的推动作用。

1954年秋，我第一次见到王公衡先生，此前听人以尊敬和推崇的口吻谈起他多次。当时正值筹划建立造船学院之际，原方案建在大连，因此，由第一机械工业部工业教育司所聘的苏联专家如普拉夫金、斯米尔诺夫等都落户在大连工学院（现大连理工大学）造船系，还派了两位协助筹建的干部和教师：胡也和江可宗。此后，据说主要是上海方面教师持反对态度，特别是王公衡教授持异议。由于他的权威性，部里经考虑，决定将造船学院建在上海。是年秋，机械部工教司召开两校代表会议，交通大学一方参加的有王公衡、李永庆和张寿，大连工学院一方参加的有杨槱、李铭慰和我，张寿和我也许是作为青年教师或党员代表参加的，胡、江两位也随同与会。行前届伯川院长和范大因教务长召我们谈话，叮嘱说大连工学院一方坚决按国家的决定办事，但图书、器材等若有重复，希望留在大连工学院。这是我第一次赴京开会，也是第一次参与这种"大场面"。

我们先于交大代表抵京，不久听闻王公衡先生到了，我真想先睹这位"大教授"的风采为快。他不满50岁，一副英国绅士派头，颇有风度，谈吐中略带口吃，但有幽默感。会议由一机部工教司周一萍司长主持，那时在我看来，周司长是老干部、大干部、中央的干部，有点高不可攀的预感，但事实与我的想法相左。周司长很谦和，每次会议上都要一一征询各位专家的意见，然后再做总结性发言，对知识分子的尊重态度给我留下深刻印象。接待人员更是关照周到，嘘寒问暖，尤其对几位造船界前辈，毕恭毕敬，生怕他们冻着饿着，我是小字辈，也沾了点光，大有受宠若惊之感。在几次会议中，司里特别重视王公衡教授的发言，王教授强调上海造船工业的优势，认为造船学院理应建在上海，言之有据，得到大家的认同。一次，周司长在王府井附近一家日式餐馆宴请我们，我得以有机会与公衡先生直接接触。我趁此机会向其请教一个疑难问题，先生作答，我不由茅塞顿开，得益匪浅。我确实感到先生学问功底很深，不负盛名，遂订下今后通信请教之约，先生慨然允之。

1955年2月，适逢春节，大连工学院造船系高年级学生和教师一起南下，包了两节车厢，经三日二夜颠簸终于抵达上海。至此，全国造船专业全部合并，为全国第一所造船学院的建立准备了条件。合并后，造船系系主任由李永庆教授担任，下设船舶原理、船舶设计、船舶结构、船舶工艺诸教研室，公衡先生任船舶原理教研室主任。我分配在该室工作，有更多机会与先生相处。我曾以旁听身份参加过在上海船舶产品设计二处由辛一心教授召开的某新船设计的审查会。辛先生一贯广开言路，特别重视发挥老专家们的作用。他设立了一个顾问组，每有新船设计，总要邀请叶在馥、王公衡、郭锡汾等教授参加评议。公衡先生对此非常认真，脱下近视镜，在所挂的图纸前仔细揣摩，从结构强度、舱室布置到桌椅高低，一一加以推敲并提出改进意见。遇到争执，公衡先生会据理力陈自己的观点，有时甚至慷慨陈词、脸红耳赤，情绪激昂，一反平日绅士常态。但一俟争论结束，立即平静如初，好像什么也没有发生过似的。公衡先生在学生中威望很高，有一次确实让我吃惊。我记得那次是1955届学生邀请他参加班级会议赠言，他一进教室，全班肃然起立，整齐划一，鼓掌达数分钟之久，待他挥手示意坐下，才安静下来。他发言时听者鸦雀无声，使我突然意识到已进入真正的全神贯注、洗耳聆听的境界。

公衡先生的威望与他在船舶方面的学识和各方面的修养分不开的。他离英回国时留了一笔钱用于长年订阅TINA杂志，这是当年被国际造船界公认的一本权威性学术刊物。他细心阅读，博采众长，并将杂志的内容反映在他的教学中，也反映在他的学术见解中，这使得他的发言总是言之有据。他留给我们的船舶推进讲义，在当年堪称一绝，学子们由此得益甚多。他也很珍惜这份讲义，不断完善，每次重印总要有所补充与修改，使之完臻。他办事认真周全，建造船池时，他一再强调由于地基松软必须在池槽中压载泥土以观地基沉降，待基本稳定后才能架设拖车轨道。事实证明因先生的方案周密，使学校船池除端头外，历40余年而仍有调节余地。先生自律甚严，1956年教授定级，论资历论学识，争取一下他是有可能被定为一级教授的，但他表示

"宁为鸡口，不为牛后"，以戏谑的口吻表达了退让之意，显示了他不争待遇的君子风范。平日他从不谈政治话题，也无戏剧、电影、文艺活动之爱好，为人耿直，憎溜须拍马之徒。"文化大革命"期间，他受到冲击，被戴上"老皇帝"的帽子，受到不公正的遭遇，但我们从未听到他有什么怨言，君子之风凛然。他对扶掖青年不遗余力，每当他的学生有求，总是尽力为之，东奔西走，妥为安排，受惠者难计其数。

先生不仅学识过人，而且平易近人，语多诙谐，在同事中常谈笑风生，使人感到亲切。一次，他介绍在英求学时的一段经历：与一陌生洋人在餐馆对座，不巧对方的大块鸡排因用力不慎而跳进他的盆内，他说他的对策是不作任何声张，把对方的"飞鸡"吃掉，抹抹嘴一走了事，闻者为之喷饭。先生写得一手好字，不愧为书香门第之后。他的蝇头小楷，清秀端正，字若其人。他精通古文，好古诗，一次，考问我们几个年轻教师："一艘无人掌舵的船顺流而下，它的姿态是横的、斜的还是纵的？"这下真把我们考住了，这需要从流体力学的角度判断其稳定姿态。未待我们思考成熟，他笑着说："有一句唐诗回答了这个问题，那就是'夜渡无人舟自横'"，大家会心地笑了。他的业余爱好是看书、钓鱼，且好"杯中物"，量不大，每餐一两瓶啤酒而已。1956年教育部决定请他去波兰考察，他十分兴奋，做好一切准备，我们还为他饯行而聚餐了一次，他喝了不少酒，难得见他这样高兴，那次我还因醉而出了一点洋相。1978年，王震同志率团访英，请他作为代表团成员，他很高兴，重旅英国，感慨万千。回国后，公衡先生负责《船舶工程辞典》的主编工作，每条每字每句都经他反复斟酌修改。他认真负责的精神，共事者无不为之感动。这本辞典的出版凝聚了他晚年全部心血，值得后辈永远纪念。

往事铭心——我对范绪箕校长的印象

朱章玉

朱章玉，1940年生，江苏建湖人。上海交通大学教授。1958年由上海市天山中学保送交通大学工农预科，1960年直升工程力学专业后调整进入自动控制系，1965年本科毕业留校任教。曾任生命科学技术学院常务副院长，国家有突出贡献中青年专家。上海市科学技术协会第三、四届高级顾问委员会委员。

本文写于2014年7月，曾送范绪箕校长审阅，得到他认可。收录本书时文字有删改。

范绪箕（1914—2015），江苏南京人，生于北京。航空教育家和力学家。1935年毕业于哈尔滨工业大学机械系。1937年、1938年分别获美国加州理工学院机械工程、航空工程硕士学位，1938年始师从冯·卡门，1940年通过航空工程博士学位全部课程考试。回国后，曾任清华大学教授，浙江大学教授、航空系主任。1952年筹建华东航空学院，历任院务委员会主任、副院长。任南京航空学院副院长，上海交通大学副校长、校长。

20世纪70年代末，范绪箕校长来校。当时我正受命参与学校创建生命学科，有幸从一开始就得到他亲自领导和大力支持。忆往事，心潮澎湃，谨以此文表达本人对范校长的敬意、感激和思念。

邓旭初书记邀请范绪箕来交大

1978年9月29日至11月19日，上海交通大学党委书记邓旭初带团一行12人出访美国，带回了美国最新的科教信息，其中有关美国生命科学蓬勃发展的状况，极大地激发了我们开拓发展新兴学科的思路和信心。

在这前后，上海第一医学院石美鑫院长多次找邓旭初书记商讨如何共建生物医学工程之事。为此，主持精密仪器系行政工作的吴健中副主任不失时机，果断决策，立即派高忠华先生和我到水声专业教研室与黄奕昌等同志一起，在原专业基础上进行改造、筹建生物医学工程新专业。我们从校情实际出发，一方面与上海第一医学院基础部研究如何共同培养新专业人才和开展科学研究；另一方面，主动到国家医药管理总局联络、沟通，争取他们的指导和支持。经过半年多的准备，1979年初，生物医学工程及仪器专业在上海交大正式成立，并经教育部批准，获得国家医药管理总局同意归口，给予第一期150万元的资助；与此同时，制订教学计划，着手招收5年制本科生。

就在这个时候，校党委书记邓旭初争取到在南京航空学院任副院长的范绪箕教授前来上海交大担任校级行政领导。1979年范绪箕到校不久，他代表学校出面主持召开成立"生物医学工程跨系委员会"筹备组，我第一次与他见面。他对学科交叉、融合和发展的讲话给我留下了深刻的印象，并在日后很长时间内一直给予我许多具体指导。

"专项经费要'共产'，那怎行！"

范校长在主持分配教育部世界银行贷款专题会议时，再次代表学校对新学科、新专业给予了大力支持。会上他告知，学校决定给生物医学工程专业40万美元额度用于购置先进仪器设备。我们经过调研、论证，根据自己的专业特色，决定用这笔贷款订购一台世界上先进的、国内高校还没有的专用医学图像处理设备。

在落实这笔贷款使用过程中，发生了一个小插曲：无线电系也分配到不少贷款额度，他们系领导订购了一些设备，后来发现信号及图像处理对他们来说也很重要，于是就向范校长提出，是否将我们已订购的医学图像处理设备改成通用的，这样他们也可以用。范校长听后明确指出："生物医学工程新专业、新学科，他们一开始就明确用分配给他们的有限额度订购了专用设备。目前大家计划额度都用完了，你们原来不考虑，现在却提出专项经费要'共产'，那怎行！你们实在需要，只能另想办法。"

事实上，我们选购的专用设备是配置了大量的医用处理软件、程序，这些都是专业教学、科研所必需的。多年来，庄天戈教授等人充分利用所选购的这台医用图像处理设备进行了大量的医学研究，取得了一批重要成果，培养了许多优秀专业人才，庄天戈教授所开设的专业课还被评为教育部精品课程。2010年，在上海交通大学生物医学工程专业成立30周年时，为了感谢范校长当年的关心和决断，庄老师曾带领相关师生专门拜访了范校长。

批准建立生物技术研究室

上海交通大学生物医学工程新专业在范校长的关心、帮助下，经过两年努力，在改造原水声专业的基础上，开始正式招生和进行一系列科研工作，逐步形成了在医用电子仪器和医用超声方面的专业特色，学校对此也比较满意。不久，范校长、邓书记等校领导研究考虑，在生命学科创建方面，上海交通大学不能仅仅停留在生物医学工程，应尽快向生命科学与技术更大的范围和深度拓展。

1981年9、10月间，校领导要我在精密仪器系带部分人员出来，专门进行这项新的探索。开始我心中没底，不像先前将水声专业改造成生物医学工程那样目标比较明确。幸运的是1981年底学校争取到了一个"全国生态学讲习班"的学习名额，范校长批准让我去。这次讲习班集中了全国一批最有名的生态学家，光中国科学院学部委员（即后来的中国科学院院士）就有五六名。我是这个班几十名教师中唯一来自工科学校的，从头到尾，在那儿整整学习了一个多月，比较全面、系统地了解了生态学整个概况和最新的发展。任务在身，我学得比较投入，同时也结合自己已建立的系统科学基础，思考如何运用生态学原理来解决当前世界面临的一些重大问题（如能源、资源和环境等）。我的想法得到了专家们的赞同，在结业会上，专门安排我做了一个"生态学要在行动中显示力量"的发言，大家都对我刮目相看。

不久，上海交大机械系老教授蔡有常的儿子蔡铭昆（曾任辽宁省环保局副局长兼辽宁省环保科学研究所所长）知道上海交大要发展生命学科，便主动找到邓书记、范校长商谈，有意将他酝酿多年的"模拟生物圈建立新型生产关系"课题与上海交大合作。校领导支持他的想法，具体由我和蔡铭昆一起去争取国家项目。范校长特批在精密仪器系设立生物技术研究室（代号为84室），由我负责。起步时，我们仅5人，学校在徐汇校区第一宿舍安排了一间16平方米的办公室，范校长从他的校长基金中直接拨款10万元作为启动费。我和我的同事们开始边学习、边探索，以寻求新的突破口。

"以我的名义邀请他来沪访问"

1982年3月，我接待了美国纽约州罗氏公司分子生物学研究所所长孔祥复博士的来访。孔博士是生命科学领域青年学者中的佼佼者，专攻干扰素，研究成果处于世界领先水平。

孔祥复博士原定计划是在参加完日本的一个学术会议后顺访中国北京、上海，具体手续由在他所里进修过的一位中国学者安排。该研究员出国前与某高校的遗传研究所有过合作研究，他自认孔博士到上海访问由该校出面邀请不会有问题。但不知何故，等到最后要落实该校的邀请函时，却迟迟没有音讯。

由于时间紧，孔博士只得通过我表舅给我写信，询问上海交大领导能否出邀请函。我即向范校长报告，范校长听后表示，这样的优秀学者来访，对我们是个很好的学习交流机会，我们不过只是花些精力和承担他在上海几天的接待费。当即范校长让我给孔博士回函，以他的名义正式邀请孔博士来沪访问、交流。孔博士很快办好手续，按时来华。

孔祥复博士在北京做完首场学术报告后，引起了很大的震动。此后又由交大牵头，在上海南昌路科学会堂做报告，这个报告由上海遗传学会主办，复旦大学谈家桢教授亲自主持。孔博士回美前，一再要求我转达他对交大、对范校长的谢意，并表示将来上海交大的生命学科发展过程中一旦有需要，他会尽力相助。

若干年后，孔博士被邀请到香港大学任教，1999年当选中国科学院院士。后来上海交大欲发展系统生物医学，孔博士应邀在衡山饭店做了场精彩的学术报告。

"你一个人也要按已定的计划去"

1982年6月，蔡铭昆先生计划于年底率团赴美考察，并建议学校让我一起出访。范校长同意这一安排，我也随即做好各方面准备。

不料在出访前一个多月，辽宁方面因故改期。范校长认为随便改变已安排好的出访计划很不妥，他亲自打电话给辽宁省外事办，讲明利害关系。通话无果后，范校长即对我说："既然辽宁省不同意蔡铭昆等人出访，你一个人也得按已定的计划去，否则将造成很坏的影响。"当时我国刚刚对外开放，若到美国开会、访问，一般不得单独出行，我如果一个人前往，一定要学校党政负责人专门打报告。于是范校长和邓书记先后在向上请示报告上签名，有关部门审核后，最终批准给我办理相关手续。

为了不辜负范校长、邓书记对我的信任，我对这第一次单独出访事先做了认真的准备和周密的安排。在整个出访过程中我从未单独在外住酒店，不是住在领事馆、大使馆，就是住在同学和朋友家。每天行程安排得满满的，总想获得更大的收获。两周的考察，我先后到了10个城市，参观了3所大学、4个公司、11个研究实验室，和48人进行了交谈，收集了几十份资料。回校后，我主动上交了节省下来的365美元生活津贴，撰写了近2万字的考察报告，明确提出了自己的观点：中国不能再走发达国家大能源农业之路，应走一条符合国情地从传统农业现状出发，吸收现代科学技术，使人与自然环境、社会、经济协调发展的生态农业新路。范校长对我这次赴美考察的表现和收获比较满意。

这次考察之后，1983年3月，我和李道棠等研究室全体同志在崇明岛上的东风农场进行了生态工程的综合试验。不久该项试验研究列入国家"人与生物圈计划"，联合国教科文组织驻华代表泰勒博士专程前来考察，认为这项实验的规模和内容达到了世界先进水平，为世界农业和畜牧业的发展提供了一种新的模式。范校长对我们的试验研究给予了极大的关注，并亲自到现场考察和指导。

1990年底，学校决定让我兼任生物科学与技术系行政领导工作，我服从安排，将主要精力转到了生物系的学科建设、人才培养和师资队伍建设上。1997年，上海交大与中国科学院上海分院联合建立了生命科学技术学院，覆盖了生、农、医、药及环境等领域，形成了早在1992年钱学森学长给我写信所期待的"一个大的专业学科"。2005年，上海交通大学与上海第二医科大学合并，从此，生命医学真正成为学校的一个支柱学科。我和同事们几十年为之奋斗的梦想总算成真。

回想过去，一路走来，历届领导都将生命学科放在重要位置，我们也得到了许多老一辈科学家的鼎力相助，如钱学森、沈善炯。沈善炯是范校长在加州理工学院的同学，在交大很困难的时候，应范校长邀请，带骨干到校帮助建立分子生物学研究室，为上海交大开启了生命学科的基础研究。几十年来，范校长一直对交大生命学科的创建与发展给予了极大的关心和具体的指导。对所有这些贵人，我们永不忘怀。

"应该签名"

1983年8月范校长到澳大利亚访学。在悉尼，他接触了Austgen Biojet公司技术主管郑清福博士，得知该公司拥有世界上先进的ICEAS（周期循环延时曝气）生物废水处理技术，认为很适合我们在中国开发应用。回国后，立即把我们找去，向我们介绍了有关情况，并建议我们设法邀请郑博士来校访问交流。

1984年7月郑博士应我们邀请第一次来华，范校长亲自主持了郑博士在学校的学术报告会。我们对他介绍的ICEAS系统很感兴趣，他对我国潜在的废水处理市场有所期待，在范校长主导下，双方找到了共同的结合点，对进一步合作都表示了极大的热情和诚意。

这样，郑博士在和他所在的公司其他负责人沟通后，往返中澳多次，将合作逐步推向实质阶段。经系党总支书记江凤记联络，范校长亲自陪郑博士和我们一起到山东威海市考察调研，洽谈 ICEAS 系统在城市废水处理中的应用。

1986 年 8 月，澳方通知范校长、我及李道棠三人到延安东路外滩联合大厦与他们委派的香港某律师事务所律师见面，实际上要我们签保密协定，内容主要是合作双方应负有保密责任，其中特别要求若合作不成，我方必须承诺对此事完全中止，不得再引用、研制 ICEAS 系统，甚至双方所有交谈内容（包括商务活动）都不得外泄。范校长见状，认为应按国际惯例，尊重、保护对方的知识产权，便对我们说应该签名，于是他带领我们爽快地在相关文件上签了名。

合作之初，澳方陆续进行技术交底，这个生物废水处理系统的关键设备，一是"滗水器"，二是控制器，一开始他们怕我们做不好，提出要从澳大利亚进口。范校长明确指出，交大见长的是理工科，火箭、卫星都参与研制了，只要你们交出图纸，我们一定能造出来。果真如此，我们获得相关技术资料后，从中国实际出发，进行再设计，并在上海寻找合适工厂，很快就将"滗水器"造了出来，且造价比澳大利亚进口的要便宜得多。澳方很满意，甚至连他们公司在香港地区、东南亚等国承接项目所需的"滗水器"也委托我们帮助提供。

1986 年 10 月，澳方公司主要负责人来沪，范校长特请邓书记一起会见他们。至此，Austgen Biojet 公司正式将其拥有的 ICEAS 系统授权上海交大生物技术研究所在中国应用，共同开拓中国的市场。

"若接 10 个工程，只有全部做好才行"

ICEAS 系统技术先进，省地省电，但由于该系统在国内没有应用过，许多人对它不了解，加上要配有专门的电控装置，人们认为它不如传统手工操作的机械装置可靠，要说服相关政府部门认可和使用这一技术很难。

1990年，地处闵行区黄浦江边的上海中药三厂产生的废水颜色深、浓度高，很难处理，废水流入黄浦江，直接影响市民饮水质量，多年一直未能找到有效的处理方法，药厂压力很大。市政府专门将其列入当年的"实事工程"，限期治理，药厂若再不解决废水处理问题，就得停产搬厂。我们获悉这一消息后，随即取水样，李道棠老师指导硕士研究生李海清自行设计和制造ICEAS系统模拟装置进行小试，反复摸索处理工艺和相关参数，最终取得比较满意的结果。于是，我们大胆地接下了这个项目，1990年春，我们与药厂正式签订技术服务合同。经过精心设计、精心施工，最终仅花半年时间就完成了工程建设，废水处理结果达标。

为此，上海市政府于1991年初专门在现场召开了竣工验收会，范校长出席。李道棠教授因出色的工作被评为当年"上海实事工程先进个人"。上海中药三厂废水处理工程也成为ICEAS系统在我国使用的一个样板（至今仍运行正常）。此后我们把这一技术推向全国各地，先后建设了大大小小几十个废水处理工程。1996年该技术被国家环保总局确定为"最佳实用技术"。

范校长再三告诫我们，必须认真做好承接的每一个工程的技术服务工作。他说："你们若接10个工程，只有全部做好了才行，如果坏了1个，即使其余9个都做成了，仍然是失败的，你们的信誉将会全部毁坏。"我们牢记范校长的这一教导，对所接的每一个项目慎之又慎，千方百计保证质量和做好善后服务工作，得到了使用单位的一致好评。

我们通过ICEAS系统在国内的推广应用，为生物废水处理、环境保护做出了贡献，同时也大大带动和促进了学校人才培养和学科建设。以ICEAS系统技术的理论和实践为基础，我们持续为本科生和研究生开设专业课，培养和指导了一批研究生，他们在国内外废水处理领域发挥了很大的作用。在有关部门的配合下，我们还适时在上海交大创建了环境工程、环境科学的硕士点、博士点，推动了新兴学科在学校的发展。

一代楷模和良师

在范校长主持上海交大行政领导工作的几年中，我印象最深的是，他始终把主要精力花在抓学科建设（特别是新兴学科）、师资队伍和人才培养上。他狠批"满堂灌""拖着走"的既有教学套路，倡导发展智力、启发学生思考的新方法。提出了导师制、学生跨系、专业选修课程等一系列举措。范校长特别强调教师应将教学与科研、研究生与本科生组成"连环套"式的相结合、互促进的教育方式，并指出这应是重点大学的特点，是提高教师水平、培养优秀学生最有效的途径。范校长大力推崇跨系委员会，到1981年底，先后由他组织和批准建立的就有生物医学工程、系统工程、热传导和热应力、人工智能、环境保护、能源等六个跨系委员会，大大促进了各学科和各专业老师之间的合作和交融。

范绪箕教授在任交大校长4年多时间内，除了在具体学科建设和发展上给了我们很大的帮助和指导外，在办学理念和学校发展思路上，他的很多观点至今仍值得我们深思。譬如，当时他一再讲，交大应走高质量、高水平的发展之路，而不要过分强调规模发展和扩张。他多次谈到加州理工学院规模不大，学科也不齐全，但在理工、生物学科方面水平很高，始终处在美国和世界前列，我国财力有限，不一定要在规模上盲目扩大。又如，当时学校进行管理改革，对教师定编、细算工作量，他对此持有保留意见。他说："这确实很难，有时创意灵感产生在业余休闲之中，甚至坐在马桶上，你怎么算工作量？"

在多年和范校长交往中，他给我最深的印象是：这位早在1956年被新中国首批评为一级教授的杰出学者、力学专家、优秀的教育家，深谙高等教育规律，理解"钱学森之问"，并身体力行弘扬和发展先进的教育理念。他坚持原则、求真务实，厌恶虚假和浮躁；他出身名门望族，却拥有一颗常人的心；他严于律己、真诚待人；他风度翩翩、豁达大度，谦虚谨慎、处事低调，个人生活十分简朴；他倡良知、守诚信、重尊严，是位知识分子中少有的谦谦君子。

交大现任校长、中国科学院院士丁奎岭在2023年研究生毕业典礼上向大家介绍范绪箕校长时说：他71岁卸任校长后，仍然坚持每天学习工作6小时以上，在90多岁后还完成了24篇学术论文以及2部学术著作，用一生诠释了"学不可以已"的宝贵品质。正如校原党委书记、中国工程院院士何友声所言：他既是追求学术进步，又是淡泊名利的典范，是挑战两个极限（人类生命的极限和从事科研工作年龄的极限）的楷模。所有这一切，通过范绪箕校长长期言传身教、潜移默化，已深入我们心中。

我眼中的王振义先生

陈竺，1953年生，江苏镇江人。上海第二医学院血液病学专业硕士，法国巴黎第七大学血液学研究所肿瘤发病基础专业博士、博士后，中国科学院院士，发展中国家科学院院士，美国科学院和美国医学科学院外籍院士，欧洲艺术、科学和人文学院外籍院士，欧洲科学院外籍院士，第三世界科学院院士，法国科学院外籍院士，德国马普学会分子遗传研究所外籍会员，上海交通大学医学院教授，上海交通大学医学院附属瑞金医院终身教授，第十二届、十三届全国人大常委会副委员长，中国红十字会原会长，农工党中央原主席。

王振义，1924年生，江苏兴化人。内科血液学专家，中国工程院院士，法国科学院外籍院士，上海交通大学医学院附属瑞金医院终身教授。首次利用全反式维甲酸诱导急性早幼粒细胞白血病细胞分化，极大提高急性早幼粒细胞白血病病人的完全缓解率和长期生存率。2011年获得国家最高科学技术奖，同年获上海交大杰出校友终身成就奖。2024年被授予"共和国勋章"。

1978年，我和陈赛娟[1]成为王振义老师招收的第一届研究生。当时赛娟已经在瑞金医院做了3年的住院医生了。她是1975年从上海第二医学院（现上海交大医学院）毕业的。而我是没有读过大学的，当时是被破格录取的，所以我非常感恩王振义先生。

王振义先生是一位非常严谨的医生。他对我们年轻医生的要求是非常严格的，如果有做得不对的，他批评起来是不留情面的。因为他说血液病的诊治就是生与死的搏斗。

但是，他对患者就如同对自己的亲人一样。他和患者的关系好到什么程度呢？有些患者接受他治疗后，要送一些贵重礼物表示感谢，王振义先生从来都是谢绝的。但出于对患者尊重，王振义老师也并非

---

[1] 陈赛娟，1951年生，浙江鄞县（现浙江省宁波市鄞州区）人。细胞遗传学和分子遗传学专家，中国工程院院士，第三世界科学院院士，上海交通大学医学院教授、博士生导师，上海交通大学医学院附属瑞金医院终身教授。1975年毕业于上海第二医学院，1981年获医学硕士学位，1989年获法国巴黎第七大学科学博士学位。曾任上海血液学研究所研究员、所长，医学基因组学国家重点实验室主任，中国科协副主席，第十届、十一届全国人大代表。

不讲人情。有一位袜厂的工人，罹患白血病被王老师治好了，送了几双袜子给他，跟他说："王医生，这个袜子是我在机器上特别为您钩出来的，希望您能收下。"对于这样的礼物，他没有拒绝。他说："患者是一名普通工人，如果我拒绝她的话，可能会伤她的自尊心。"王振义先生就是这样一个人，在学术上有着极为严谨的态度，但对患者又抱有深深的人文关怀。

砒霜，从古至今在世人眼中就是一味毒药，砒霜的学名叫三氧化二砷，用它制成的砷剂是治疗急性早幼粒细胞白血病的良药，在目前全球首选的协同靶向治疗方案中占有重要地位。但最初进行临床试验时，的确有不小的风险。白血病是死亡率很高的疾病，而砷剂的毒副作用也比较大，用一种副作用大的药物治疗一个死亡率很高的疾病，有的病人在用药后外周血白细胞升得很高，一开始甚至有人说"你们是给病人下毒吗"，王老师和我们面临的压力非常大。

如果说在有些研究领域，我们可以有较为宽松的容错率，那么在挽救生命方面，我们要把错误率降到最低。既要谨慎，又要创新，要敢于做前人没有做过的事，又要有充分的把握和信心。经过数天观察和对症处理后，患者白细胞终于下降了。

20世纪90年代中期，当我们的临床试验证明，使用过全反式维甲酸作为诱导治疗，然后用化疗来巩固强化后，又出现复发的急性早幼粒细胞白血病患者，使用砷剂是有效的，我们真是发自内心地高兴。无论是搞研究，还是在管理岗位，能让我们开怀大笑的时刻是不多的。下面这张照片，我记得就是第四个患者完全缓解以后，我们在一起聊天时拍的。就那么一瞬间，大家开心了一下，只有很短的时间，新的挑战又来了。

王振义（中）与陈竺（左）、陈赛娟（右）

因为我们当时用砷剂治疗的病人已经对全反式维甲酸和化疗耐药了，白血病克隆已经发生了演化，这时候给他们用砷剂，即使病情得到缓解，但很容易复发。于是我们就思考，是不是一定要等到患者用常规疗法复发以后再用砷剂？我们在分子和细胞机理的研究中发现，砷剂和全反式维甲酸针对的是同一个靶点，即由于15号和17号染色体易位产生的PML-RARA癌蛋白，但是它们的作用部位和作用机理是完全不一样的，这样就有可能形成一种协同靶向治疗效应。

所以我们把这个方案搬到一线治疗，不是将砷剂放在治疗方法的末端，而是与维甲酸同时应用于新诊断患者的诱导治疗，这样就产生了"上海方案"，两个药一起用，后来我们就很少看到复发的病人了。

在实际中，急性早幼粒细胞白血病大约90%是能够完全治愈的。当时我们做临床试验都是60岁以下的人群，60岁以上的也有早幼粒细胞白血病，它的效果就不够好。所以王老师说，我们还要解决10%的老年患者的治愈问题。

我记得，王老师在20世纪80年代和我们共同提出让癌细胞改邪归正的理念，同时他也一直在提倡免疫治疗，我们现在用的CAR-T就是现代的免疫疗法。而早在四五十年前，王振义先生就已经提出白血病免疫治疗的思路，并对某些中药制剂进行了实验研究。他有很强的前瞻性，这跟他多年来心无旁骛地钻研是分不开的。王振义先生这种不断创新的精神，永远值得我们学习，尤其是年轻医生学习。

说到王振义先生放弃全反式维甲酸的专利，王老师认为这种专利可能是一种临床应用指征的专利，不是一个新药专利。王老师希望对于患者在治好疾病的同时，尽量不要让他们背上沉重的经济负担，即灾难性医疗支出。同时，王老师也认为，我们用的很多西药，都是国外的药厂、医药学家、临床医学家研制出来再传入中国的，中国医生的发明创造也应该让全球患者受益。医药的发现，在任何时候都应该把患者放在第一位，把治病救人放在第一位。

王振义先生曾以居里夫人为例，居里夫人发现的第二个元素是镭，当时知道镭可以用来治疗一部分肿瘤，也有人建议居里夫人申请专利，但她断然拒绝。她说，元素是物质世界的基本构成，元素发现是人类共同的科学成果，是公共产品。所以王振义先生有这样的想法也是和居里夫人类似的。

2007年，在被调到卫生部工作前，我向王老师告辞并求教，王老师给了我很大的鼓励。他说，要去为人民做点实事，不仅是在一个病种上，而是要为国家的卫生事业能够做点有益于人民的事情。

其实我非常明白王老师的心愿。他视我们为己出，他最大的心愿就是人民病有所医和事业后继有人，他希望有更多的年轻学子献身医学，有更多医疗工作者来传承血液病防诊治事业。少年强则中国强。王老师大学毕业的时候才二十几岁，就做了住院总医生，夜班时一个人管几十上百张病床，那是在20世纪40年代末50年代初，什么病都要看，为后续他在瑞金医院建立血液学专业奠定了坚实的大内科基础。

瑞金医院血液病转化医学创新研究团队获得了2023年度国家科技进步奖创新团队奖，这个奖是四代瑞金血液人的努力，是王老师很欣慰的一件事情。但是王老师不在那个奖项的名单上，陈赛娟当时去请示过他，他说千万不要把他的名字放在上面，他最大的心愿就是后继有人。

王老师是非常无私的，1989年我和陈赛娟回国以后，王老师就说，血研所的担子就交给你们了。当时，王老师就给我们讲了他的抛物线理论，他说，篮球投得再高，也要被地球引力吸回来的。所以，他不能等球快落地了，再让后边的人来抛第二个球。当他抛了第一个球以后，年轻的同仁就应该抛出第二个球，比他还更高一点。这样的话，后续者不断努力，球才能越抛越高。这个做法在瑞金医院上海血液学研究所已经形成了一种传统。

作为王老师的第一代研究生，我和赛娟也已经七十岁出头了。我们现在要做的，就是要把王老师的精神传承下去。令人高兴的是，我们下一代的血液学人已经很好地接班了，真正做到了长江后浪推前浪。

南洋留痕

SJTU MEMORIES

听交大人讲交大事、抒母校情

半年《南洋周刊》的编辑生涯

钟森荣

钟森荣（1896—1928），湖南耒阳人。1918年入读交通部唐山工业专门学校（今西南交通大学）预科，1921年入读交通大学上海学校（今上海交通大学、西安交通大学）电机科电信门。1923年4月任《南洋周刊》总编辑，任期间，《南洋周刊》宣传国共合作建立统一战线政策，转载许多介绍马克思主义的文章，成为反帝反封建的交大"喉舌"。1924年12月，被选为上海学联执行委员会主任，同时当选全国学生总会委员。1925年2月，上海工人因反对日商虐待童工举行大罢工，南洋大学首先成立罢工后援会，由钟森荣负责。1927年12月参加广州武装起义，失败后返回湖南，参加湘南起义，任耒阳县苏维埃政府秘书长。1928年4月，随朱德上井冈山，任红四军军需处处长；11月，任中共湘南特委书记；是年底在一次战斗中牺牲。

原载《南洋周刊》1923年第2卷第16期，第131—139页，署名"修安"。现据上海交通大学出版社2024年版《钟森荣烈士文集》辑入。收入本书时略作改动。

一

到南洋大学不觉两年了！自问两年抑郁浪漫的生活，一点没有描述的价值。但是半年来的周刊编辑生涯，回想过去，倒颇"耐人寻味"。

我初到本校那一年，《南洋周刊》已经出版了，我却没有尽什么力。去年下学期不知道哪一位朋友暗地介绍我入了社，又承诸社员举为一个编辑，事先我还一点儿不晓得。说起来惭愧得很，我虽自幼跟了家兄喜欢东涂西抹做做文章，而我是一个极不肯下死工夫读书的懒鬼，对于中国文字实在没有精心研究。不过我有一个信条——"事在人为"，所以也就受而不辞了。

周刊编辑，原有五位，内有总编辑一位，由范君存忠担任。起初稿件由五人轮流着编。这一期轮不到自己，便若"无所事事"，大可"不闻不问"。若轮到了，可就大忙特忙，东拉人做这一篇，西拉人做那一篇，收集拢来还要编排，要修改的修改，假如不够，自己便须动笔。记得我编那一期的时候，适在严冬，我跟同房的朋友朱君还点起蜡烛相对起草，两个人一边做，一边说笑，倒不觉什么疲倦和寒冷。

后来我们五个人觉得轮编的法儿不完善，恰好稿件也分了门类——社论、科学、译述、文艺和新闻五大门，于是就公决每门由一人完全负责，编排的责任却卸给总编辑一人身上去了。当时我认定担任社论门，虽然不比从前那样"闲在平日，忙在一时"，却每期多少要负些责任。我所认识的同学，对于周刊发生兴趣的本来不多，有时请位朋友做一篇，在他已觉情面万分，而拿来一看，不见得就能合自己和其他编辑的意，在约请和允许的人两方面都似乎有些难为情，所以弄到尽头，只好拿支秃笔，揩点淡墨胡乱涂几句。轻于拿自己浅薄的见解，去耗费读者的时光，想起来真正对不起！

这样下去周刊竟出到第十期了。范君忽然要辞去总编辑职务。我们社员曾经坚决挽留过好几次，可是"从龙有心，回天无力"，卒至另举几位起草员将社章改订，并送交评议部审查通过。章程中规定编辑部由八人组织——总编辑一人，负责编辑五人，校对员二人，我又承社员举为总编辑。前面说过，我是于中国文字没有精心研究过的人，只是有一个信条——"事在人为"，所以又"受而不辞"了！

照章总编辑的责任，只是编排稿件，似乎比从前当一位负责的社论编辑要省力些，哪知大谬不然？我们议定每周星期四下午课后，开编辑常会，收集下期和校对上期稿件，并讨论部中一切进行事宜。每在开会之前总要先写一张通知传给各编辑和校对先生们，恐怕他们到时"忘记脱哉！"这张通知最好上午写好，趁中饭时节去请他们签一个"知"字，过时就难了。从工厂中出来，把手匆匆地洗一洗，就要跑到各处去找。编辑会议开成了，大家互问"这期稿件怎么样？"于是各编辑把他所负责那门的稿件拿出来，有的说"我这门的还等两天罢！"一看稿件还不够，要请大家去"拼命"（同学谈助语之一）。到了下星期日，稿件便要送出排印，而星期六过了，还未齐全，不得不跑到各处去催，或自己来做。各门稿件头两期我自己总是通看一遍，后来精力时光实在来不及，科学、译述两门也就只好不看了。社论编辑本是周君桢，他自从我当了总编辑，对于周刊的事，和我一样的忙；而我却很欢喜读言论门的稿件（社论门后改为言论门），所以这门的文字，有时我也帮着看。看到一篇好的，觉得其中有许多话都是自己要说的，不觉得替他加上些密圈，心里非常痛快。若来稿大纯而少疵，就不自揣要增损增损。还有很多投稿的先生们，不注意用新式标点，替他辨起来也很费力。于是满望着"大有作为"的星期日便如此消磨了。这一期总算马马虎虎地过去了，光阴可是行驶得快，转瞬又是星期四了！

稿件凑齐以后，就交给印刷厂中的人拿去。说到印刷厂也有可以报告的地方。我们跟他约定每周星期日晚上拿稿去排印，星期四下午四时以前拿来校对，七时以后再拿去，下星期一将印本送交发行股。不过他总不能守约，每周要打好几次电话去催。电话安在中院，从上院三层楼上跑去，来回倒有些脚软。心里还着急，怕他印不出来，不能按时送发，读者诸君岂不怪编辑部吗？

二

要是不打算出什么专号，也还省力得多。不过我们在本刊第二卷第一期说过，拟出三期专号，如果一期都不出，岂不笑话？所以最后决定出一期《南洋大学学生生活》。这期成绩还未知如何，可是费去时力不少，现在要谈谈筹备的情形。

我们学校，分大学、中学、小学三部，共有同学八九百个人，要将各种生活写出来，倒不怕没有文章做，难的只是拟题和排稿。起初竟想不出一个题目，后来和几位朋友商量商量才勉强得了那个不完全的"暂拟要目"。请王君羽仪出了一张连字带画的通启，贴在平常的布告揭晓处，请求同学大家赐稿。照过去的经验揣测，徒然一张通启，不会发生多大效力，所以连忙又印发六七十封信，特约些同学去做。其余的同学却不要误会！我们都是工程学生，对于文艺上发生兴趣的人比较的少，而大学部只有本一有国文课，同学中国文有根底的有些我们竟无从知道，中院的更不消说了！遗漏的地方一定不少，我们十二分抱歉。通启贴了两个星期了，公函发出好几天了，来稿却是寥寥！一部百几十页的《生活号》编辑部几个人哪里吃得下？心里不能不着急，却仍旧在那里希望着。到后来唯有又写一张启事去催催诸大作家，哪晓得不是说"做不出"，就是说"没有功夫"。有些却在他们的大名底下写"敬谢不敏"四个小字，总算"客气"了！还有几位先生承他们已经选定了题目愿意做了，然而要起稿子来"对不起"三字就算完了事。我们于是只有用私人名义去拉之一途。"人怕当面情"，这句话真不错；这一来居然发生效力！还有段有趣的小故事。周刊原有"小同学俱乐部"一门，一则因为其他各门稿件拥挤的缘故，一则因为小同学们的来稿不多，所以只登过两期，本来有点对不住小同学。有一回我们写了一纸通启，拿了一只投稿箱到小学去征求《生活号》文字，过几天到那里开箱一看，一篇都没有，只见一张匿名条上写着"岂有此理？要我们投稿的时候便出通启，不要时，连箱子都拿走了"。调查起来才知道从前本有一只投稿箱放在那里，周刊社职员新旧交替时，不晓得哪位先生把那只箱拿回来了。这本来是我们疏忽，无怪那位小兄弟发牢骚。我们见了这种情形，恐怕小同学真不肯做了，又出张通启很诚恳地请他们做。过了些时去看那只箱，却仍旧满装着空气！回来只好再替他们也拟个要目贴出去，依然没有影响！这时候真有点慌，一天早上和周君六点半钟跑到小学，邀请各班班长开个会议，请他们负"拉稿"的责任，他们答应了，大概有不少的"天真"作品给读者看，请等着吧！

同学方面的稿件，总算有了点把握。职教员（前任或现任）对于我们的生活到底存一种什么观念，当然是我们很愿意领教的，所以又特请了几位先生给我们一些批评，已承诸先生慨然允诺了，倒是一件写意的事。

做稿件的人有了，稿件的去取谁负责任？各门负责编辑只管各门的稿件，要我一个人去担任，不但自己没有这么大的眼光，也没有这么大的胆量，所以编辑部议决另组一个《南洋大学学生生活号》稿件审定委员会。委员由部中推定三人，另聘部外四人，共计七人。他们的职务是审定并修改《生活号》的稿件。审定的标准是，描写恰切、词义妥当，合乎这两点的，不论文言白话，兼收并蓄。每篇稿子送到编辑部，编辑部跟他挂一个号，并注载作者的名字，原稿上的名字却涂去了。用两支别针夹起来，第一页上端夹着一方小白纸，然后分送给各委员去看。各委员看了以为可用的就在那方小纸上写一个"用"字，下面签一个名；以为不可用的，也就不客气，写上"不用"两个字。七个人都到了，然后看"用""不用"两方哪方为多数。"用"字如果多，当然就选录了。有时"用"字却只比"不用"少一个，就特别提出来请各委员重行审定。我们觉得惠稿诸君费了一番心力，怎肯辜负？不过审定的人，各有各的眼光，哪能尽如人意？"不怕文名满天下，只要文章中试官"，都是同学，谁敢来做这个"试官"？不过随办一件什么事，不能不有负责的人罢了。落卷中何尝没有遗珠？诸君不要在意，诸君费了心力，总有人忘不了的！

现在稿件差不多审定完了，不过修改和编排还大费力量。大考快到了！功课荒废得不少！老实说几句，自从担任这个什么总编辑以来，没有一天不忙，这两三周内，每周总有一两个小考。不但白天没有充分工夫去预备功课，晚上还睡不了觉哩！不是想于社务有点发展，就是自己打算做某篇文章在肚子里起草。晚上想起来格外起劲，想了这一层又想那一层，思潮继续不断地涌上心头。我的身体本来很弱（年刊社所发大学选举票中的 The weakest 和 The leanest，同班诸君竟有几位把我的大名填上去的，惭愧，惭愧！），又兼懒、病，平素对于校课倒不肯用功，"开夜车"读课本的次数，真是很少很少，但为周刊竟破了几回例。有一回十二点过后了，开房门出去遇到张君有桢（亦周刊编辑之一），我问他"你怎么还没有睡?"他问我"你怎么还没有睡?"后来知道他在那里替《生活号》做一篇与圣约翰大学比赛足球的，我在这里替《南洋》做一篇《化学实习》呢！有时精神疲乏，头脑竟会昏乱起来。有一次观澜君做了一篇对于"怎样救国"的讨论登在周刊第二卷十三期，那期的"编辑部声"恰逢我做，竟把观澜二字都误作华立二字，因为华立君那几天接连送来了几篇文字，看过后不知不觉脑筋中印入了华立两个字。又有一次正逢上午两点钟无课，在座上写一篇文字，忽然听了叮当！叮当！……的铃声，以为打下午上课预备钟了，赶快收拾起来，拿一本《汽锅学》就往楼下跑，走到教室门口不料"阒无一人"，心中纳罕，走近挂功课表的地方一看，千真万确，这一堂是在四十一号上汽锅学。回转头来看见我一位同乡杨君定安在那里阅报，问起他来，他说"刚才上午第四堂下课呢！"于是相顾而笑，我也一股脑儿跑回房来了。我本来每天差不多要到校外宿舍朋友那边去叙谈叙谈，晚饭后喜欢邀几个朋友在本校附近各马路上走一个圈子读课外的书报，更是日常必上的课，这几周以来竟不能不有些"改其常度"。因此对于周刊有时发生厌恶，我想，到底图着什么来？我又记起古人的话"雕虫小技，壮夫不为！"笔墨生涯难道就是我终生的事业吗？还有一件令我反思的，就是当讨论一个重大问题，想拿笔来写的时候，常常发现自己"读书太少"，所以

南
洋
留
痕

073

我渐渐有"多读书，少说话"的觉悟。

三

诸君！不但我如此，我的朋友也如此。原来编辑部没有办公室，我自己住的那个房间颇觉凌乱，就不得不在王君羽仪、周君桢那间房里办起公来。说来好笑，办公室里除了他们两人私有物以外，竟是"一无长物"，只添了一只小皮箱，那就是我们的文书柜，诸君不要以为稀奇。起初这个文书柜还是一只小草提包！王、周二君既然慨助一所办公室，他们自然不得不跟着大受影响。王君原是周刊社的书记，又是年刊社的编辑，他能写一笔娟秀的好字，又善画几笔彩色画，所以特别的忙。有时要出一张通告或发一封公函竟不好要他去起草，好在我们从来不讲客气，谁空了谁就去办，不管什么权限不权限。周君比较更吃亏，随便什么事情总是同我一块儿去办。编辑部的印章也放在他箱子里。我有一次问他拿印，他说"怎么问起我来？"我一时回不出话，后来我笑着说某先生不是说过吗？"剑心先生的印，总是他太太管着的"，我引这句话的用意，周君到如今还不承认，两个人的口头官司还未打清呢！（我看到这里，我却不得不声明几句。我的意思，审判官，总不能听片面之词的，阅者就是审判官，让我也来上一个辩诉词罢。我与王君，都是编辑部的分子，对于周刊，都很高兴，所以钟君当了总编辑以后，因为他的房间里人多物杂，将办公室暂设在我们的房间里，并且因为钟君性情随料，所以我总帮助他留心零星物件。自然，在我们房间内，我也不得不担负这个责任。印，是零件之一，不消说，更要留心的。他的意思说我是他的……我倒要说是我的……唎！他是柔弱的，我是伟大的，谁是谁的……我要恭恭敬敬地请审判官公平的评哩！所供是实，周桢附言。）周君尝对我说："唉！下半年真不干了！"我听了很原谅他，但我又有点过不去。我自己也感受不但无功且难免过的痛苦，诸君！不要使要想做好的人们失望啊！

四

我写来这样高兴，我想，爱护我的朋友一定心里这么想"你的功课不好，身体又弱，为什么喜欢，'忙里加忙'来干这种没正经的事？"我并不是喜欢干没正经的事，一则我想把这个周刊办到"我理想中的周刊"的境地，一则个人对于中国文字发生兴趣——不敢说于国文有研究，只是性情近似罢了，——借此可以与投稿诸君订一个文字交，所以这半年来的周刊编辑生涯，倒成了我两年南洋的伤心生活中一点安慰物了。

也许还有人问"你们闹了半年有什么成绩在那里？"真是惶悚惶悚！但是我总相信有目的的，继续不断的努力不会白费掉。文正公说"不问收获，但问耕耘"。我们问心对于周刊多少尽了些耕耘的责任，收获我们却不敢知。我极诚恳地盼望后来继任的又要热心地图《南洋周刊》的发展，我现在将我想到的一些浅见条举出来做我的"临别赠言"。

（一）社中应废除主任制，只设经理、编辑两部。

（二）社中应有一办公社，并仿丁卯学会办法设一流通图书馆。

（三）应设法推广周刊销路。

（四）增请社员。

（五）添设副编辑一人或二人，文牍员一人。

（六）增加负责编辑及校对员。

（七）经理、编辑两部各设一书记员。

（八）敦聘职教员为社中顾问及名誉编辑。

（九）设校内及毕业同学国内外通讯员。

　　以上九条我以为都有存在的理由，不过写起来离题太远了。若承函询，当谨裁答。

1923年6月25日

逝者如斯夫

瞿 赵

瞿赵，1918年生，江苏靖江人。机械专家。1939年考入交通大学机械工程系，1942年8月穿过日伪封锁线内迁至在重庆的交通大学，1943年毕业。长期从事铁路机车设计、制造、试验研究和科技开发。我国早期蒸汽机车设计主持人之一，为内燃机车液力传动、大功率柴油机等机车产品的研制做了大量开创性工作。大连内燃机车试验研究基地创建时期的主要组织者，主持了二七机车车辆厂由蒸汽机车修理到内燃机车制造的转产。为我国机车车辆的发展和科技人才的培养做出了重要贡献。

原载《逝波集——交通大学机械工程系1943级同学回忆录》，1999年9月，第117—122页。收录本书时文字有删减。

我于1918年7月22日生于江苏靖江县城（今靖江市）一个破落的封建家庭。祖上于明朝由常熟迁靖。清兵打到江南，一祖先绝食殉节。幼时每年清明都随长辈到关帝庙院内墓地祭扫，县里也去祭奠。父亲是独子兼祧，亲祖父是个秀才，民国后任文、武庙董事，每年主持春秋祭孔，必带我去观礼。我名赳，字武哉，是祖父据《诗经·周南》中"赳赳武夫，公侯干城"为我取的。1923年我进小学启蒙，祖父带我到孔庙拜了孔子。嗣祖父是拥有七爿当铺的剥削阶级，清末去世后，当铺管事中饱，当铺倒闭。父亲自幼娇生惯养，终成败家子。家道中落，生活艰难，常靠典当和至亲资助度日。母亲温厚贤惠，虽不识几个字，但能背诵《大学》《中庸》给我听，这些都在我思想品德上打下孔孟之道的烙印。大哥就读于南京河海工程大学时，由于闹学潮被开除。1926年春，侯绍裘（时任中共江苏省委书记、国民党江苏省党部委员，南洋公学1918级校友）介绍大哥加入国共合作时期的国民党，大哥旋即在军阀统治下的家乡秘密宣传"三民主义""三大政策"，张贴"打倒军阀"标语，演出"文明戏"。由于我家是活动点，所以我都看在眼里。1927年"四一二"反革命政变前夕，侯绍裘被反动军警逮捕，尸体和黄石一起装入麻袋投入秦淮河。大哥对老师侯绍裘极其敬佩，闻讯痛哭不已，从此失去一位引路人，这件事使我童年的心灵上萌发了对共产党的敬仰。大哥的思想和刚直不阿的品格对我的影响颇深。他常鼓励我用功学习，将来报考交大，钻研工程技术，为国家多做贡献。

自我上小学起，国家即处于内忧外患的时代，国内军阀混战，国外还有日本帝国主义不断侵略。战争耽误了学业，也从反面教育了我。1931年春，我从镇江实验小学毕业，考进省苏中初中部。九一八事变后，初中部主任在讲台上演讲，痛哭流涕，使我深受感动。我参加了罢课和示威游行，抗议日本帝国主义侵占东三省，反对国民党不抵抗，还参加了支援抗日义勇军马占山等的募捐活动，也跟着高年同学查日货、烧日货。1932年一·二八事变，十九路军淞沪抗日，不久撤至苏州，我们贴出反蒋标语，反对丧权辱国的淞沪协定。后来在体育场开大会，我们学校的学生都参加了。会上还有被侵略的民族代表，印度代表发言赞扬十九路军抗日，寄厚望于我国。我心中深感十九路军是我们的民族英雄。1933年，生活比较平静，童子军到苏州虎丘、无锡惠山和杭州西湖露营，野外自炊，跋山涉水，乐趣无穷。

1934年我考入苏州中学高中部，一年级时参加了在镇江卅六标的第一届军训。半年军事生活，对增强体质还是有些好处的。

高三时，对交大心向往之。那时想考交大，还得自习Lonley三角、Daming化学、丁西林大学普通物理，以及《论语》《孟子》。我勤奋拼搏，每天只睡五六小时。可惜毕业考试前，得了伤寒，没能参加毕业会考。随后七七事变爆发，我目睹几十架日军飞机俯冲轰炸江阴炮台。不久我家附近被炸，看到遇难者血肉横飞的惨状，不胜悲愤。12月28日，靖江县城沦陷，我们便开始过逃难生活。沦陷区人民处于水深火热之中，深受土匪、伪军、日军三害之苦，尤其是日寇奸淫掳掠杀，禽兽不如。这些苦我算都亲历过了：土匪将我吊成"老鸦飞"，逼着要钱；国民党游击队，把我背绑起来，想敲诈勒索；特别是日军抓住我，几乎使我送掉性命。

1938年，我们家从泰州乡下迁回家乡一个市镇。秋季的一天，日伪军从几十里外的驻地突然来到这个镇上。他们闯进我家翻箱倒笼，搜到我在苏中的草绿色制服和林语堂的《三民主义》英文读本。当即把我五花大绑起来，连同被抓的一个店员和两位据说是国民党游击队收税的带到日伪军驻地，在汉奸的维持会审讯。那店员被保释放。我和另两人被押到日寇警备队。一位戴黑边眼镜的军官，看样子像个中学教员，问我会英语吗，随即用英语和我问答。我着重解释了我原是一个中学生，那制服是苏中的校服，纽扣上还有"苏中"二字等。他听后，说我没事了。于是另两位要我帮他们说说。我念同胞之情，就说他们是商人，是良民等。那军官却说一会儿要把他们"刺啦刺啦"。果不一会儿，日本兵把我们三人都拉了出去。正在这千钧一发之际，那军官来了，拔出刺刀把一头各系着一人的绳子砍断，把我拉了进去。不久，我听到两声枪声，心想又有两个同胞死在敌人的枪下了。翌日，我被带到维持会释放。一些汉奸说我真算幸运，抓进警备队的十之八九都要被枪毙的。奇怪的是，我始终很镇静，心想既成阶下囚，也只有听敌人摆布了。只希望不要杀头，枪毙就枪毙吧。因为曾听说日本鬼子在城里杀人，有时一刀还砍不下来头，我想这可能是够痛苦的。

二

1939年春，我到上海苏中补读了半年，旋即报考了交大。不过那时心里也有点打鼓，逃难荒疏了两年学业，还能不能考取？

进交大前，和两位绍兴朋友一起，租住成都路浦行别墅。考取交大后，因路远，乃和胡家麟、范广中、王伯伦、杨文霖在震旦大学南侧大陆坊一号租住了一间前楼。大家一起在隔壁一家天津小馆吃饭。

二年级时我得以住进爱麦虞限路（今上海市绍兴路）中华学艺社二楼大礼堂，上百人济济一堂。我们班还有程心一、章复、胡家麟、范广中、陈莱盛。对着楼梯两排面对面的书桌是我们班的，顶头一张面向楼梯的是程心一，他和孟庆华几人打起桥牌来真热闹。他的嗓门最大，讲话急而快，一口常州话，其情其景犹历历在目。但他一停下来，即潜心学习，人家再吵闹，都置若罔闻。真是一动一静，专心致志。我还跟他学过打太极拳。

大二时，每个星期天上午，老校长唐文治在震旦教室讲古文，座无虚席。老校长虽双目失明，犹鹤发童颜，气貌堂堂。我常去听讲，有一次讲《伯夷列传》，我印象尤深。他讲完，还用一唱三叹法朗诵，声如洪钟，感人肺腑。

课余，我常和胡家麟、章复、朱保如去看阳翰笙领导的中华剧艺社演出巴金的《家》《春》，还有曹禺的《北京人》和《蜕变》，丁西林的《妙峰山》等，也看唐槐秋领导的中国旅行剧团演出曹禺的《日出》《雷雨》等。我们还去黄金大戏院看过周信芳主演的《明末遗恨》等。有时散场太晚，只好走回学艺社，大家边走边高谈阔论。有时我也一人到霞飞路一家小电影院看苏联电影。

1941年12月9日，天还没亮，便听到炮声隆隆。我和床靠床的王伯伦谈论，猜想日本特使莱西和英美谈判未成，现在打起来了。早晨走读同学带来号外，果真昨晚日本偷袭了珍珠港，和英美不宣而战。我赶紧到公共租界一位同乡家取钱。到四马路（今上海市福州路）时，看到日军耀武扬威地列队分路进入公共租界。这一学期读完就放寒假了。后面又勉强读完三年级的下学期，放暑假前，听说日军同法国巡捕秘密搜查过学艺社，使人感到学校也不安全了。记得沈三多先生上最后一堂机械设计课时，曾沉痛地说："这可能是最后一课了。你们有路子就帮我介绍点工作。"我听后凄然，不禁回忆中学英语课本中的 *The Last Lesson*，感慨万端。

三

大学还剩一年怎么办？正好我一个表弟从重庆回到上海，告诉我去重庆的路子。朱保如约我同行。我于1942年8月10日依依不舍地离开了家，14日和保如三兄弟乘"常山丸"离沪去汉口。一上船就看到范喆、刘近义也在船上。15日凌晨船过家乡八圩港，我在甲板上凭栏远眺，晨光熹微中，笼罩在云烟深处的树林房舍，那里有我的慈母和亲人。不禁沉吟，"独自莫凭栏，无限江山。别时容易见时难"，思绪万千。8月17日过南京，24日到汉口，住进租界的一家旅馆。经打听，有两条路可走。我和保如三兄弟决定经新堤到三斗坪，范喆他们去湖南常德。8月29日乘船离汉口去新堤。到新堤一上岸，日伪军搜查甚严，翻箱倒笼。幸好我的证件已由我表弟寄重庆上海医学院他的表妹处，他们什么也没查到而放行了。新堤旅馆旅客满满的，大都是来来往往跑单帮的。过封锁线是雇的小船，带点烟和罐头，到时船老大拿上岸"孝敬"日伪军。日伪军到船上装模作样地看看，也就放行了。

经过一段三不管的地带，到了洪湖。过湖上岸，才有国民党的部队。一路经监利、石首，由新厂渡长江到藕池口。在这里意外地遇到许国志，他像是上岸活动活动筋骨的。大家行色匆匆，略事交谈，即各奔前程。再经闸口、公安、松滋、枝城到三斗坪。行程不下350公里，一路山清水秀。江山如此多娇，也无心欣赏。保如一人乘滑竿，我们步行。"鸡鸣早看天，未晚先投宿"，9月24日我们到达三斗坪，住湘西旅社。在那里又遇国志一行，包括贾观熙、金邦年、毛家驯、过昂千，乃同船去重庆。在甲板上摊开铺盖，晚上睡觉，白天席地而坐，谈东说西，饱览三峡风光。三峡波涛汹涌怒吼，两岸群山峭拔。有块"对我来"石碑，船逆水上行，到此必对着"对我来"，眼看快撞上石碑，一个波涛却把船拨正航道，真是惊险奇妙。大概是过巴东，轮船上不去，就挂球与岸上过载行谈价，岸上甩下牵绳拉纤，纤夫助轮船一臂之力，也是奇事。船经西陵峡、巫峡、瞿塘峡，过万县。自此一路常看到被国民党拉的壮丁陈卧在两岸烈日之下，瘦骨嶙峋，奄奄待毙，不禁愤慨。

10月初船抵重庆朝天门，住松鹤旅馆暂歇。由于保如弟弟急于报考大学，随即去歌乐山取证件。6日我们前往小龙坎交大，当晚和国志吃了顿饭。

四

因为交大在重庆还没四年级，打算借读中大。不日又有十位同学到达，机械系主任柴志明先生立即筹办四年级，揽聘了一些名师，如张德庆、柯元恒、杨仁杰、马明德诸先生。10月16日，迁入九龙坡新址，11月2日开课。已到的16位同学分住两间宿舍。宿舍是篱笆墙抹白灰，床是双层。晚上看书是豆油灯，一下雨道路便成黄泥浆。吃饭不用花钱，八人一桌，盛饭的大木桶有半人高。国志和定国、邦年和泽田、重阳和观熙、家驯和我分别是同室上下铺。近义、范喆、庆臻、昂千、燮和、友洪、肇鎏、学礼住一间。不久长庚、敦孟赶到，住另一排宿舍。我们一间八人，号称"八大山人"，加上常到我们房间的长庚、敦孟，言结芝兰"十兄弟"。

1942年，时有日本飞机"光临"，我们跑到学校后面丘陵地带，在树荫下聊天躲警报。课余，常到附近田野散步，有时顺手牵羊摘点蚕豆到学校对面的山东小铺炒一下，就些大饼，来一杯白干；有时在野地上搭个灶，烹调我的拿手菜，买些山东大饼，十兄弟干一杯，颇有滋味。这些都是校园生活之乐趣。还有一件趣事，我们晚上到教室看书，家驷常暗暗给爱妻写家书，关山阻隔，自多情话。长庚有一绝技，能由家驷笔头的横竖撇捺的动作说出家驷的秘密。因此，家驷只得以左手遮盖笔头的动作，我们都调侃道"护得真牢啊！"我们常到柴师家坐坐聊聊，喝点茶，有时吃顿饭。我们常谈到班上的"状元"程心一。有时还到吴保丰校长家小坐，吃点茶点；张德庆先生也邀请我们到他家做客。九龙坡的这段生活，虽颇艰苦，师生融洽，倒也其乐融融，颇值回忆留念。

毕业前，王学礼脸颊上起了个疙瘩，以为是蚊子叮的，大家也没在意。后来他自己可能有什么不好的感觉，一人到市里医院去看，医院没收留；又一人去歌乐山找了我在上医的朋友，得以住进中央医院。遗憾的是不日病故，是疗疮血中毒。学校安排班长国志和我等几人去办后事。学礼不幸早逝，我们甚为惋惜悲悼。

1943年毕业，同学都选定了去向，领着学校借给的路费（不要还的），依依惜别九龙坡，各奔前程。

秋冬之际

张其树

张其树，1924年生，河北丰润人。1944考入交通大学（重庆总校）航空工程系。1945年曾担任学生自治组织"伙委会"主席，因"服务膳团成绩优异"，获吴保丰校长签发布告记大功一次。在校期间，当选两届学生自治会监委、五次自治会班代表。创办愚公社，出演《雷雨》《阿Q正传》等剧目。1947年护校运动中自驾火车的学生之一。毕业后就职于铁路工程系统，后调入教育系统从事教学工作。

本文为张其树大学一年级国文课习作，国文教师点评"敦厚之性，感人至深"。

流浪他乡的人儿，好像特别喜爱阳光，阳光可以给予他们温存的抚摸与慈善的微笑。因此，他们会忘却一切忧愁与苦恼……可是，天总是阴雨绵绵，不知是在作弄流浪他乡的人儿，还是为哀怜他们而落泪。

几天的阴雨带来了冬天，秋已偷偷地离开了人间。纵使在田野的葱青里，在园圃的花卉下，还可以看到秋的踪影，然而人们，尤其流浪他乡的人儿们，却都呼吸在冬的严威下了。

冬是残酷的，他给游子们带来了多少忧伤、增添了多少愁苦……已是深夜，室内的电灯早已熄去，可还有开夜车的同学案头的青光闪闪，是那么的暗淡无力；室外的风好像在逞强，发出尖锐的叫啸。屋檐下的雨滴又是那么的安闲地叮当作响。一切都表现着凄凉与寂寥，在这秋冬之际飘风飘雨的深夜，同学们鼾声大作，他们是不是在梦里看到了可爱的爸爸妈妈？他们是不是重温着天伦之乐？不然睡得怎么这样的香甜。我躺在床上却是辗转不能入睡。脑海里的思绪缭乱，像空中的游丝，像暮春的飘絮，像江河的猗澜，又像大海的波涛……

时间好像比牛车走得还慢，离开家来渝仅仅两个半月，可就像过了几年。的确，自己是比以往憔悴的多了，自己是为了前途、为了上进来这异地读书，可是给家中父母留下了偌大的一笔债务，家中的生活一定会比以往更困窘了，父母不知为此增添了多少皱纹与白发，我深深地感到自己的自私与不孝。在这深夜，我忏悔自己的罪咎，我默默祝福他们的健康，请父母原恕我这不孝的孩子。现在我的家也是像季节一样正当秋冬之际，漫长的艰苦的冬天就在目前，父母忧悒的心是在热望着阳光的温暖，期待着冬尽春来……自己应该努力呀，不要辜负了父母的苦心，不要使他们失望啊！

衣被单薄感到冷吗？想想家中的衣被；自己没有鞋子穿吗？想想父母忧伤的面孔；忍耐吧，度过冬天就是春天……

在这秋冬之际的深夜里，渴望明天的晨曦，期待着冬后的春天。

张其树国文习作手稿及国文老师批语

校园忆往

卢 燕

　　卢燕，1927年生，原名卢燕香。广东中山人，生于北京。表演艺术家，美国奥斯卡金像奖终身评委，中美电影文化交流使者。1945年考入交通大学财务管理系。1947年移居美国檀香山，入夏威夷大学攻读财务管理，兼修戏剧；曾在檀香山从事会计、化验员、播音员工作。1956年进入帕萨迪纳戏剧学院表演系，1958年毕业后在好莱坞从影，成为第一个生长在中国的华人演员。因在中美电影领域的突出贡献，先后获得亚美音乐演艺基金会、华鼎奖、金色银幕奖、华人榜颁奖礼、美国休斯敦国际电影节等颁发的终生成就奖。

节选自卢燕：《燕归来》，上海交通大学出版社2024年版。收入本书时略作改动。

1945年，我考入交通大学，读财务管理。能考入素有东方MIT（麻省理工学院）之称的交大，母亲很高兴，认为我给门楣增光了。报到那天，母亲亲自送我去学校。因为当时刚复校，学校的校舍还未来得及修复，学生住不进去。而当时图书馆的藏书因为被日伪尽毁，所以整个图书馆空了出来，于是学校临时在图书馆一楼进门的右大厅搭了个大通铺，将很多张铁床连排放在一起，搞成临时宿舍，我们所有的住校女生，无论新生老生，就全被安顿在这里了。

我就读的财务管理系，一届大约有十五六人，女同学超过了三分之一，这在交大算是女生最多的系了，这么多人同住一室，大家相处得都非常和睦。

我们那会儿的大学女生其实与现在的没有差别，平时除了切磋学业之外，也会经常交流思想，说悄悄话。这些同学中，不少人后来都在各自领域成为卓有成就的人。原来睡我邻床的是化学系的施琴华，后来成为加州理工学院的教授，她和著名的航空工程专家、美国工程院院士吴耀祖结为夫妇。

后来女生宿舍建好了，我们就搬进去了。我的同屋同学有一位来自广西，我便常向她讨教粤语，那是我祖辈们说的话，我希望自己能通过语言寻到血脉之根。这位广西同学是我最早的粤语启蒙老师，也奠定了我后来在香港用粤语演出话剧的基础。

尽管比起现在，那时学校的物质条件很简陋，但那个年代的学生深受实业救国思想的鼓励和熏陶，志存高远，士气高昂，读书都很用功，学风极好。学校老师教得也非常投入，尽心尽责。老师们大多住在图书馆左侧的平房里，为的是课后可以随时给同学们答疑。

那时交大的理工科包括管理系都是全国最好的，我虽念的是财务管理，但我们专业有许多基本科目是与铁道管理系、实业管理系的同学一起上大课的，基础课程里也包括微积分、大学物理等。记得同班有一位同学叫任家宽，印象中他沉默寡言，不善表达，但遇到同学向他请教，却能侃侃而谈，不厌其烦地详细解说，很受同学们的敬佩。交大的同学除了读书用功之外，思想也非常活跃，同学中有些是积极的中共地下组织成员，有的同学前一天还在课堂跟我们一起上课，第二天就突然消失了，可能是被秘密逮捕了。

我们的课余生活同样非常丰富，学校里每周都有各种球赛、舞会，而我最热衷的仍然是表演。那个时候交大有个话剧团，团员都是来自各系的文艺爱好者。我印象最深刻的是我们排演曹禺先生的大戏《雷雨》。因为我普通话标准，在中学又有过舞台表演的经历，大家就推选我出演四凤。记得我们花了两个多月的时间在中院的礼堂里排练，每个人都十分忘我，全身心投入，最后话剧上演时，全校为之轰动，首演即获得了巨大的成功。

交大话剧团排演的《雷雨》这出戏既叫好又叫座，不仅仅归功于我们这群非专业的学生演员的演技，更多要归功于这背后凝聚的集体智慧和才华，整个过程让我看到每一个交大人都不同凡响。舞台灯光是由化学系同学来打的，当时学校还没有先进的专业灯光设备，于是幕布拉开时，他们就用一个大号面盆，在那里手动发电，灯就渐渐地变亮了，非常神奇。舞台布景是由土木系的学生自己设计的，没想到一群设计房子的人搞舞美也如此专业。为了这出大戏，每个系的同学都在发挥自己的专长。我们一共演了六场，场场爆满，那情形不亚于现今最火爆的电影上演时的情形。

那可真是一段令人难以忘怀的日子啊，一群意气风发的青年学

《雷雨》舞台演出照，鲁妈的饰演者是位职业演员

子，一起奋斗、一起创作、一起成长。我至今还记得扮演鲁大海的是
电机系的张树人同学[1]，他就是1947年交大那次著名护校运动中的临时
火车司机，当时是交大学生到南京向国民党政府请愿，就是他充当司
机开起了火车。

　　可惜的是，由于我当时勤工俭学任务繁重，和话剧团的同学聚

---

[1] 作者记忆与史实有出入，鲁大海的扮演者应为1948届航空工程系校友张其树。

得不多，后来也鲜有交往。几十年后在香港碰到了交大剧团的制作人张海威，但也只是匆匆一晤，未有机会深谈，此乃一大憾事。假使我不是1947年出国，下一个戏就会接着排演曹禺先生的《原野》，由我主演金子，很遗憾我离校了，我在交大的舞台生涯也从此落幕。这段"演艺生涯"尽管短暂，却是多彩而难忘的，也正是这些经历，让我愈发爱上了演艺事业。

学生"体总"与"交大杯"二三事

严 骊

　　严骊，1965年生，广东广州人。1983年考入上海交通大学船舶及海洋工程系海洋工程专业。1986年参与创建交大学生体育总会，并任首届副会长。曾任职于平安保险公司、新华人寿保险公司，长期从事海洋工程、金融及投资行业。

原载赵文杰主编：《交大情　足球缘——我与上海交大的足球故事》，上海交通大学出版社2022年版，第86—90页。收入本书时略作改动。

1985年，上海交大体育教研室筹备建立校体育系。为了实现"学生体育学生办"的学生群众体育精神，时任校党委副书记王宗光指示体育教研室与校团委共同商议成立学生体育总会。1986年，体育教研室副主任孙麒麟老师与分管群体工作的朱凤军老师负责筹划，经与时任校团委书记姜斯宪讨论后，以当时学生会体育部为班底，成立了首届上海交通大学学生体育总会（简称学生"体总"），陈华峰同学出任首任会长，石岩同学和我出任副会长，王盈军同学为干事。

　　针对在同学中影响力较大的校级足球比赛，以各系足球队参赛的"交大杯"足球赛成为学生体总重点组织的重大赛事。学生"体总"第一次组织该赛事期间发生了很多趣事逸闻。

上海交通大学首届学生体育总会三位会长与体育系老师合影

升旗

现在在每场中超比赛前都有升国旗奏国歌仪式，当年的"交大杯"开幕式上就已经安排了升国旗奏国歌仪式。

第一次组织这样大型的比赛，学生体总一干人马不免手忙脚乱。比赛前一天晚上，我们突然想起开幕式的升旗仪式还没有安排好。升旗的旗杆选的是体育场北侧教学楼顶的旗杆，大家连夜找到总务处拿到上天台的钥匙，商量好国旗固定、升旗的事儿，同时还要联系好广播站对好国歌播放的时间。虽然没有彩排，但是第二天的开幕式上还是顺利升旗。

谈判

参赛各队均以校队球员为主力，包括研究生、高年级同学，而且各系不乏各类"球霸"。学生体总的几位新领导当时都是大三学生，担心激烈对抗的比赛中会出现争吵、打架的场面，比赛由原来老师们组织转变为学生组织，不一定镇得住。

大家惴惴不安、心中没底时，都把目光集中到了石岩副会长身上。石岩是当时的校足球队队长，又是时任校队教练赵文杰老师的得意门生，不论是球技还是为人，在校队乃至学校足球界都有相当的影响力。石岩明白大家的意思，笑眯眯地说了一句"包在我身上"。在赵老师的指导、支持下，他邀请了各系中担任系队组织者或者主力的校队队友，一起到广元路的三黄鸡店，拿出几瓶酒，告诉各位队友："这酒不是白喝的，是与各位谈判。比赛中、比赛前后，必须给面子，不但不能闹事，还得帮忙将闹事的摁下去。"

校队队长的面子比刚刚成立的学生体总的面子可大多了。有了这班核心主力给面子，加上赵老师时不时在场边压阵，比赛中出现火药味时，石岩在场边扬扬手，自然有双方主力队员将伸出拳头的球员拉开。

裁判

首场比赛由学生体总会长、国家二级足球裁判陈华峰担任主裁判。进场时，他就看见双方不少队员好奇甚至不屑的目光。在一次进攻中，随着后卫推倒前锋，哨声响起，判后卫犯规。比主裁判高出差不多一头的高大后卫怒气冲冲地冲向陈华峰，带着国骂质疑判罚。陈华峰一点犹豫都没有，掏出黄牌高高举起，同时厉声警告："再说一句，就是红牌！"高大后卫愣了一下，聪明地转身跑开。

经此一役，后面的学生裁判们（大部分都还没有裁判证的）都可以充满自信地揣着红黄牌面对校队球员以及各类著名"球霸"了。

有一场关键比赛，在我所在的一系（现上海交大船舶海洋与建筑工程学院前身）与石岩所在的二系（现上海交通大学机械与动力学院前身的一部分）之间进行，只好由陈华峰作为第三方出任主裁。那场比赛进行得激烈也顺利，但是赛后石岩和我分别痛骂陈华峰，都指责他吹偏哨。多年后石岩和我回忆起这件事，一致认为，当年我们都骂陈华峰，说明那场比赛吹得很公平。

换人

参赛各系中最弱的是十四系（上海交通大学外国语学院前身）。但是，十四系拥有校篮球队的几乎全部队员。当年校篮球队是从北京部队专业篮球队整体特招的！所以，一大群身材高大的国家级专业篮球队员一股脑地代表十四系出场参加足球比赛。

笑话出现在换人环节，十四系的换人完全遵循篮球比赛换人规则，换下去的球员歇了一会，打算再换上来。现场执法的裁判小伙子愣了足足有一分钟，不得不跑到场边花了超过五分钟进行足球规则讲解与培训，然后在一帮一米九几的球员们的抗议声中重新开始比赛。

观众

当年的比赛场地在徐汇校区的足球场，没有看台，没有专门的观众区，但是每场比赛，不论热门或冷门，所有替补球员、比赛队的拉拉队、关注比赛以及看热闹的观众同学，都将球场围得里三层外三层。

第一天的比赛中，凡是有进球、争议球、犯规判罚的情况，都会引起场边的群情激奋，多次出现兴高采烈或者怒气冲冲的观众冲进场内，拥抱本系球员、指骂裁判、追打对方犯规球员等，各种状况频出打断比赛，学生体总的"草台班子"组委会、各系的指导员老师，不断被迫进场扮演各种拉架角色。

无奈之下，学生体总只好在后面的比赛中，请每场参赛球队的两个系各出一支纠察队，戴上袖标在场边拉起"人链"维持秩序。当有一个系的同学准备冲场，对方系的纠察队就会出面阻拦这样的意外状况，很好地保证了场边秩序。

充满了学生热爱、集体荣誉、竞技精神的"交大杯"足球赛，一直是学校的重大体育赛事。体育教研室的指导和撑场，让新成立的学生体总顺利地开启了学生承办学校体育赛事的先河，也为一众体育爱好者在校期间留下了一份浓重的记忆。

谨以此文，祝贺上海交通大学足球队成立121周年！

峥嵘岁月

SJTU MEMORIES

追寻红色记忆，赓续红色血脉

交大地下党

范祖德，1931年生，浙江嘉善人。1948年3月加入中国共产党。1948年入读上海光华大学法律系。1950年任中共上海市北站区委组织员、理论教育科长。1955年起，历任交通大学电力系党总支书记、党委宣传部部长、教务处负责人、副校长级总务长、南洋国际技术公司总经理、闵行二部主任、副校长等职。1993年任中国高科集团公司副总经理，参加浦东新区开发。著有《风雨交大》《故事交大》等。

原载上海市地方志办公室、文汇报"笔会"编辑部选编：《风雨同舟》，文汇出版社2011年版，第145—153页，收入本书时略作改动。

1925年中共交通大学支部建立。在严酷的岁月，交大支部三次被迫停止活动，又三次艰难重建。"交大地下党"就是指1925年到1949年这段长达24年的历史。24年里在交大读书或工作时参加地下党以及来交大读书或工作前已是地下党员的总计约400人。他们中在上海交大离休的同志现在还有曹子真、陈廷莱等6位，都已是80岁以上的老人。

交大先进学生选择马克思主义

交通大学是中国最早创办的现代大学之一，1925年在校大学生约400人，附属中小学也有约400人，具有全国影响。持不同观点的著名政治家、革命家、文学家纷纷来到交大讲演，宣传他们的主张，影响交大的学生。1912年底，辞去中华民国临时大总统不久的孙中山曾来交大作长篇讲演，大谈中国要造铁路和公路，宣传"交通救国"。1922年4月21日，中国共产党中央局书记陈独秀到交大讲"宗教问题"，传播马克思主义的唯物论。五四时期新文化运动的核心人物胡适在1925年10月24日也来交大讲"如何思想"。此外，共产党员恽代英、郭沫若、刘华，以及国民党员汪精卫、胡汉民、叶楚伧等头面人物都到交大宣传各自的"主义"。有时还同台演讲，如恽代英与胡汉民。

1919年五四运动后，交大学生会出版了《南洋周刊》。周刊报道许多名人来校演讲的消息，有时还刊登他们讲演的内容。《南洋周刊》也介绍国内外新的"主义"和"思潮"，如刊载《社会主义之一斑》《废除阶级主义的方法》《社会主义与劳工问题之关系》等。交大的学生对各种"主义""学说"，很自然做了比较，多数先进学生认为社会主义、马克思主义有道理，这为1925年建立交大中国共产党组织做了思想准备。

1925年，在大革命高潮中建立中共交大支部

《中国共产党历史》将1923年6月到1927年7月称为"大革命时期"。具体过程为"第一次国共合作""五卅运动""北伐胜利""国共合作破裂，大革命失败"。交大这四年也确实是在大革命的洪流中过来的，并且在斗争中建立了中共支部。

国共合作 1923年6月，中共中央决定与国民党合作，党员以个人身份加入国民党，帮助改组国民党。1924年1月国民党召开第一次全代会，决定实行"联俄、联共、扶助农工"三大政策。1924年《南洋周刊》发表了总编辑钟森荣（学生）的长篇文章《加入，加入，加入》。"加入"什么？加入国民党。当时交大没有共产党员，1925年1月全国共产党员也只有994人。校内国民党员有20多人，其中包含同文书院和复旦附中的国民党员，组织名称"国民党区分部"，对外以"南洋大学学术研究会"为公开机构。交大国民党规模小，结构松散。由于共产党的号召，先进学生的加入，至1926年春交大国民党员发展到100余人。国民党区分部负责人为顾谷宜，1925年夏，顾谷宜毕业离校，由张永和接任。顾谷宜、张永和都是电机系学生。张永和于1925年4月、顾谷宜于5月在交大加入共产党。大革命时期交大国民党一直由共产党员和国民党左派领导。

五卅运动和中共交大支部建立 1925年5月15日上海日资企业内外棉七厂工人顾正红率领工人要求复工和发工资，被日本厂长开枪打死，激起了上海工人、农民、学生以及各界人士极大愤怒，纷纷

走上街头。中共中央领导了这次斗争。5月30日，上海各大、中学校学生3 000余人，其中交大400余人，在市中心游行抗议。英国巡捕在南京路上突然向游行队伍开枪，打死13人，其中1人为交大附中学生陈虞钦，还有数十人受伤被捕。五卅惨案激起了全中国人民反对帝国主义的新的斗争高潮，上海全市罢工、罢课、罢市。五卅运动激发了上海产业工人的政治觉醒，也教育了交大师生。共青团中央负责人贺昌直接来到交大，接触思想先进要求革命的学生，先后发展一些学生参加共产党和共青团。根据现在查到的史料，大约有10名学生在五卅运动前后参加共产党。到1925年底，已有8位党员的交大，成立了第一个中共交大支部，张永和任书记。同时成立了交大共青团支部，陆定一任书记。

1925年，江浙沪由直系军阀孙传芳控制，在孙传芳压力下，1925年3月2日凌鸿勋校长对《南洋周刊》总编辑钟森荣以"在外主持工农后援"为由"勒令退学"。这是镇压学生革命运动的信号。钟森荣被开除后，即到上海总工会从事工人运动，后去广州，任国民革命军第四军政治部副主任兼师政治部主任。国共分裂后参加广州起义，后跟朱德上了井冈山，任红四军军需处处长，后在一次战斗中英勇牺牲。凌鸿勋在五卅运动后不久，还开除52名学生，占在校学生12%。据法南区委内部报告，其中共产党员7人，国民党左派11人，国民党右派和国家主义派7人。凌鸿勋校长著文宣扬"读书即爱国"。1927年春北伐军迫近上海，交大学生发起驱凌学潮，凌辞职离校。

北伐胜利和上海工人武装起义　　国共合作取得的北伐胜利、南北统一是大革命时期的高潮，在上海则是中共领导的第三次工人武装起义的胜利。五卅运动前后交大几位党员调到地区从事党的工作和工人运动。张永和先后任中共法租界部委、沪东部委书记，陈育生（张离开后曾任交大支部书记）调任闸北部委组织部长，周志初（电机系学生，被开除52人之一）调往市总工会工作。张、陈、周三人都直接参加和具体领导上海工人武装起义。3月21日第三次武装起义时，交大学生"配合武装起义，组织宣传队和纠察队，有的配合铁路工人拆毁铁路，有的上前线救护，对敌人喊话"。

国共合作破裂，大革命失败 1927年4月12日蒋介石发动反革命政变，实行"清党"，白崇禧军队进攻上海工人纠察队，大批共产党员被捕被杀。5月14日，国民革命军东路军前敌总指挥部、政治部命令上海各校"厉行清党运动"，并开列各校"反动分子"名单，命令各校"逐一审查，驱逐出校"。交大被列上黑名单的共产党员和共青团员重要分子12名，次要分子8名。这张名单同时刊登在《申报》上。校内国民党右派分子趁机夺取了学生会的领导权，中共交大支部于1927年5月第一次停止活动。

前仆后继的斗争，中共交大支部三次重建

1927年6月，中共中央决定撤销上海区委，成立江苏省委兼上海市委。8月，江苏省委将下属的部委改为6个区委，交大党组织属法南区委领导，交大支部恢复，先后由两位交大即将毕业和已毕业的学生党员担任支书。这是第一次重建支部。两年后，交大支部于1929年第二次停止活动。

1930年，中共左翼作家联盟的旗帜已经扬起，鲁迅和其他一些爱国人士发起成立"自由运动大同盟"。中共中央文委在上海组织成立"中国社会科学家联盟"（简称"社联"）。交大电机学院学生许邦

和与乔魁贤参加了"自由运动大同盟",许邦和在日记上写"（这）会使我成为一名真正马克思主义的斗士吧！""社联"的王学文、彭康（上海解放后曾任交大校长）、杜国庠等时常来交大指导许邦和、乔魁贤组织的"读书社"。8月"左联"和"社联"办了一个"文艺暑期补习班"，洪深任校长，冯雪峰、李一氓、阳翰笙都来讲课，鲁迅也来做过演讲。许邦和、乔魁贤二人参加了这个班。1930年8月，"补习班"结束前，"老李"通知许邦和、乔魁贤说二人已被批准加入中国共产党。不久，二人的党组织关系转到法南区委。当时交大内已没有中共党员，许邦和、乔魁贤二人加上区委的"张干事"，第二次重建交大地下党支部。许邦和任支部书记。许邦和、乔魁贤二人在校内通过"社会科学研究会""读书会"等团结同学，阅读进步书籍，分析时事，宣传马克思主义，陆续发展三位同学入党。当时机械工程学院学生钱学森也曾参加过几次读书会活动，在那时开始接触马克思主义。

　　"九一八事变"后，中国人民掀起了全国性的抗日救亡运动，但是南京国民政府采取不抵抗主义，消息传来，交大全校激愤，成立"抗日委员会"，许邦和任执行主席之一。上海成立大学学生救国联合会（简称"大学联"），交大地下党员袁轶群担任"大学联"主要领导人之一。"大学联"组织全市反日示威游行和学生义勇军，要求"政府出兵抗日"。9月26日，上海各大学组成52人晋京（南京）请愿团，交大派出2人参加。9月28日，在校大学生共790名的交大有500多名学生和上海各校学生一起赴南京请愿。12月9日，北大南下示威团学生许秀岑在上海被特务绑架，交大地下党支部获悉后立即发动500多学生前往枫林桥上海市政府抗议，要求立即放人，上海各校学生闻讯纷纷赶来支援，人数达5 000余人。示威队伍包围市政府，坚持了一夜，市长张群被迫释放北大学生。交大党员袁轶群根据地下党指示于12月17日率领2 000余名上海学生第三次赴南京请愿，与北平、济南、南京学生共3万多人，前往国民党中央党部。国民党士兵和打手袭击请愿队伍，造成30多名学生牺牲、100多名重伤、60多人被捕，被捕者中交大学生14人，史称"珍珠桥惨案"。

打倒帝国主义列强和反对国民党的反动统治的斗争在交大此起彼伏。但由于"左倾"盲动主义的错误路线，在白区党的力量遭到惨重损失。交大地下党也搞"飞行集会"，不顾环境散发传单等。1932年4月，许邦和、袁轶群在租界被捕，经沈钧儒、张志让二位名律师辩护，关了一个多月后获释。9月开学后不久袁轶群又被特务抓走并押解到南京宪兵司令部，后经亲友和杜光祖教授营救于1933年4月释放回家，但与党失去了联系。1934年底上级组织法南区委遭到严重破坏，交大支部第三次停止活动。在严酷的斗争岁月里，交大地下党员许多不能读到毕业，或被捕，或被迫转移，或被开除，或被调至其他单位工作，还有的由于种种其他原因与党失去联系。

1937年7月，日本发动全面侵华战争。由于国民党政府不同意交大内迁，学校被迫在租界租房办学。1938年3月，中共中央发出"关于大量发展党员的决议"。中共江苏省委决定："……逐步建立党支部，使各大中学校都有比较坚强的领导核心。"1940年9月，中共上海市学委决定在法租界坚持办学的交通大学重建党组织。当时交大共有4位党员，但其中2位即将撤离交大，实际只有2位，直到1941年8月有2位中学时入党的党员考入交大，有了4位党员，上级党组织才决定交大成立党支部，由钦湘舟担任支部书记。

这是交大第三次重建地下党支部，由于"左"倾错误已被纠正，中国共产党已是一个成熟的马克思主义政党，交大地下党从此再也没有停止活动。1945年8月抗战胜利时，交大地下党在校党员已有25人．支部书记为吴增亮。

"民主堡垒"的由来

抗战胜利后，借在外面办学的交大回到了徐汇校园，抗战时期迁至重庆办学的交大也复员来到徐汇校园，还有南京中央大学和上海雷士德工学院一部分学生调来交大。学校规模有了发展，1947年在校生已达3 000左右。地下党力量也增强了。当年电机系学生江泽民就是由土木系同学王嘉猷介绍加入地下党的，时间是1946年4月。江泽民虹口住所还藏了一位受国民党追捕的南京地下党的同志。1946年9月交大支部扩展为总支，吴增亮任总支书记，党员人数到1949年5月上海解放前发展到198人。还建立了党的外围组织"新青联"，"新青联"含党员在内达到400余人。沈讴、俞宗瑞、庄绪良也先后担任交大地下党总支书记。在中央和上海市委领导下，交大地下党同志团结交大师生员工和校长，掌握"有理、有利、有节"的斗争，受到上级和各方面人士的肯定。

1948年5月4日，上海学生联合会在交大大操场举行纪念五四营火晚会，全市150所学校近2万名学生参加。这天在新上院和总办公厅前大草坪上出现了一个大型竹制构架，上书"民主堡垒"四个大字。为什么称交大为"民主堡垒"？因交大有几起震动上海甚至全国的大动作，在国民党看来"匪夷所思""不可容忍"，在学生们看来则"合情合理""大快人心"。

第一起：1947年5月13日，为反对国民党政府停办交大两个系，近3 000名学生冲破上海市市长吴国桢的阻拦，到北火车站自开一列火车去南京请愿。毛泽东同志13年后（1960年）在上海参观新技术展览会时，还忆及此事。

第二起：1947年5月25日，交大地下党领导的学生系科代表大会在上院114室开会，特务学生秦某、皮某引领军警，砸破门窗，冲入会场，殴打学生，企图抓人。全校学生和教授们闻讯赶到，军警特务只好退出学校。第二天交大学生们在图书馆前集会，要求学校开除这两个特务学生，在教授会支持下，获得成功。在国民党统治区，特务横行的岁月，交大居然开除特务。这在国民党政府看来实在不可容忍。

第三起：1948年5月4日的营火晚会。这次是在国民党政府已宣布共产党为"共匪"，还发布了《戡乱法》，设立了"特刑庭"之后，是国民党绝对不能容忍之事。但在上海学生们看来，这件事只有称为"民主堡垒"的地方才能办，才能干。

称交大为"民主堡垒"还有三个特点：其一，这一时期的三任校长吴保丰、程孝刚、王之卓爱护学生，民主开明，他们不满国民党腐败统治。吴保丰还是国民党中央执行委员，蒋介石当面批评他"糊涂"，要他辞职离校。吴国桢晚年在美国回忆那段往事，说他不理解当年大学教授、校长身为国民党员却不帮国民党。其二，交大的教授会、讲助会都站在中共地下党一边。如在开除两个特务学生学籍一事上态度鲜明。其三，1948年7月28日国民党中央机关报《中央日报》发表社论，题为"肃清间谍的间谍"，公开攻击交大是"匪党"的"民主场"，"他们的公开集会都在交大举行"，交大是"苏维埃租界"，"自成一个独立国家"，"唯一救治方法就是操刀一割"。国民党最高宣传喉舌，公开点一所大学的名，发表如此杀气腾腾的社论并不多见。在国民党眼里交大确实成为国民党统治区的上海学生界的"民主堡垒"，同时也表明国民党反动派要动手镇压了。

1949年4月26日凌晨，国民党军警特在全市17所大专学校里进行大逮捕，共抓了352人，其中交大56人。第二天上海《申报》以"各校共党嫌疑分子由警备部集中管理"为题，发布新闻，同时公布被抓的352人名单。

1949年4月30日和5月2日，交大地下党总支委员穆汉祥与新青联成员、自治会负责人之一史霄雯遭遇特务学生龚瑞被捕，5月20日在宋公园就义。

1949年5月25日人民解放军进入市区，27日上海全市解放。6月5日穆、史两位烈士灵柩落葬校园。

1949年底交大共有中共党员111名，其中学生107名，解放战争时期（指上海解放前）入党106名。党员减少原因是一部分党员学生毕业，一部分根据党的需要提前参加工作。1950年1月17日总支根据上级指示，邀请非党员师生员工参加党的公开大会，当时总支书记为陈启懋。从此交大党组织结束了秘密的"地下"状态。

解放战争时期，我在上海储能中学入党，后考入光华大学读书并参加地下党活动。我虽非交大地下党，但曾作为外校学生参加1948年在交大举行的五四营火晚会，当年一跨进交大校门看到"民主堡垒"四个大字，感觉好像到了解放区。

记五卅运动

张永和

张永和（1902—1992），又名张致中，云南泸西人。1923年至1926年就读南洋大学（交通大学时名）电机科。在校期间加入中国共产党，并介绍陆定一等同志入党，是交大最早的中共党员之一。1925年当选上海学联执行委员会主任委员，参与组织领导五卅运动。1925年底，任中共南洋大学党团支部书记。1926年先后担任中共上海法南区、沪东区、沪西区、沪中区部委书记。1927年组织领导上海沪东区工人第三次武装起义。1927年9月调任江苏省委宣传部秘书。1928年任中共湖北省委常委、秘书长。1929年初回故乡云南省委工作，曾任中共云南临时省委书记、常委，云南迤南地区特委书记，泸西县临时人民政府县长和弥泸地区专员公署副专员等职。曾任云南省政协第四、第五届委员会委员。

原文藏于云南省委党史研究室，档号：A2-3-001。现据上海交通大学出版社2022年版《永励后昆：张永和纪念文集》辑入。收入本书时略作改动。

1925年上海五卅运动是反对帝国主义的爱国运动，是上海革命人民群众的骄傲，是在中国共产党领导下组织发展起来的伟大革命群众运动。那时我还是南洋大学的一个青年学生，曾参加过这次运动的发动和组织活动。半个多世纪已经过去，中国人民已经站起来了，帝国主义任意欺凌侮辱中国人民的时代已经一去不复返了。现在就个人的记忆所及，追述五卅运动的一些梗概。

五卅运动前的群众运动

中国共产党在上海开始建立之后，一个工人阶级的政党先要在工人群众中扎根，特别是在产业工人最集中的上海工人群众中扎下根。在国内外反动派的黑暗统治下，中国工人阶级没有任何政治权利，没有组织工会进行政治经济斗争的自由，生活完全没有保障。党创立全国总工会和上海总工会，安排工作人员深入到工人群众中去接近工人，一点一滴地去开展工作；冒着时刻有被敌人鹰犬抓捕和工贼暗害的危险去发动组织工人群众，号召工人组织起来，要求改善待遇，增加工资，反对虐待打骂、开除工人，争取组织成立工会的自由。小沙渡区内外棉纱厂日本资本家残酷杀害工人顾正红的事件发生后，上海总工会在各厂工人中一再揭露帝国主义资本家这一暴行罪恶，号召工人广泛组织起来，举行罢工，支援内外棉纱厂工人的斗争。到五卅运动的时候，上海工人一致奋起参加抗议五卅惨案的罢工，工厂工人争取组织工会和政治经济权利的斗争进入了一个前所未有的新时期。

1923年中国共产党和孙中山先生结成民族民主革命的统一战线后，改组国民党，在广州召开第一次代表大会，通过大会宣言、对内对外政纲和国民党党章，实行联合以平等待我之民族，联合共产党及扶助农工三大政策。在上海的政治宣传和群众运动进一步有了鲜明的革命目标，注入了新的内容，迅速启发促进了群众的政治觉醒。中国共产党在保持独立宣传和组织工作的同时，一般群众工作中是在统一战线的形式下进行的，也就是在国民党名义下进行工作。国民党在孙中山先生的居所设立有上海执行部，分设有组织、宣传、职工、青年、妇女等部，共产党人李立三、林育南、杨之华等分别主持职工、青年、妇女等部的工作。

国民党第一次代表大会后，孙中山先生北上经过上海时，南洋大学有个别学生曾前往十六铺码头参加在群众中欢迎。往后就在学校内开始发展成立了国民党区分部。在一潭死水的这所不过问政治的工科大学里，政治活动逐渐开展起来。遇纪念节日，多次请恽代英、郭沫若、施存统等来校演讲，受到同学们欢迎。南洋大学在徐家汇，这地区另有同文书院和复旦大学附属中学，也先后在学生中组织成立了国民党区分部。在同文和南洋两校中先后发展成立社会主义青年团（共青团）徐汇支部，随后又发展成立共产党徐汇支部。

1925年孙中山先生在北京逝世后，上海曾举行各种悼念集会，群众中革命激情日益昂扬。南洋大学全体同学在校内礼堂举行追悼会时，请郭沫若来讲话。他走上讲台，面向听众，兀立片刻，双泪直流，还没有发言，听众已一致肃默激动。

革命统一战线结成后，共产党还创办了上海大学和上大附中，成为培育革命青年，开展群众运动的基地。许多革命前辈如瞿秋白、蔡和森、张太雷、陈望道、施存统等曾亲自主持或参加这个学校的工作和活动。上大学生在工人、青年、妇女等群众工作中，积极开展宣传组织活动，而且还输送工作人员前往广州和国内其他地区，有的参加军事工作，有的还被派出国去。在五卅运动中，这所大学遭到帝国主义分子的侧目注视，他们在新闻报道中恶毒攻击说，上大是赤化党人的窠穴。上大学生党员余泽鸿负责恢复全国学生联合会和上海学生联合会的活动，联系上海大中学校学生会及各省市学生联合会，成为上海公开活动的社会团体，我协助他联系南洋大学学生会，常和他在一起。

在党的领导下，两年来上海社会团体的组织和群众运动日益发展，已预示着更广泛的、大规模的五卅运动的来临。

五卅惨案的发生

1925年初春，上海总工会为抗议内外棉纱厂残酷杀害工人顾正红，广泛进行宣传组织活动，号召工人举行罢工，支援内外棉纱厂工人进行斗争。5月29日下午，南洋大学学生会举行干事（学生会职员）评议（班级学生代表）联席会议，我介绍上海总工会工人代表刘华到会议上报告顾正红惨案经过。刘华沉痛控诉了帝国主义资本家残暴压迫工人以及凶恶杀害无辜工人顾正红的血腥罪行，吁请学生会也行动起来，支援工人抗议罢工的斗争。参加联席会议的同学，激于义愤，决议在当天下午八时召开全体学生大会，请刘华再向大会作报告。这所工科大学的学生，平素习惯于听学者名流的演讲，现在听到完全工人装束的工人代表来作报告，慷慨激昂，义正词严，激起了同学们一再热烈鼓掌，情绪沸腾。大会立即一致表决通过：

（一）全体同学节约三天的伙食菜金二百余元捐献支援罢工工人。

（二）五月卅日全校停课一天，结队前往南京路游行、演讲、示威。

南洋大学学生发动起来了，党组织决定趁热打铁，号召组织更多的学生和工人群众参加游行，连夜通知所有学生党团员，由上海学联通知各大中学校学生会，上海总工会组织罢工工人，尽量发动群众参加南洋大学学生的游行队伍。租界地区和闸北，远到江湾和浦东，都通知遍了。党的地下印刷所赶印出大量宣言传单等，供给游行队伍散发。

五月卅日午后，浩浩荡荡的游行队伍出现在南京路上。这是车水马龙，行人摩肩接踵，上海最繁荣的商业地带，顿时交通滞塞，游行队伍和数以万计的人群汇集起来。我赶往闸北接运宣言传单回到先施公司交给游行队伍时，看见有巡捕抓捕正在演讲的学生，扭送到先施公司对面的老闸巡捕房。游行示威的群众也冲向老闸巡捕房，夺回被捕的学生。西捕头目指使印度巡捕紧闭老闸巡捕房的铁栅，竟下令向赤手空拳的群众开枪射击，当场打死上大学生何秉彝和南洋大学附中学生陈虞钦等十余人，震惊国内外的屠杀青年学生的血腥惨案发生了。

在光天化日之下，竟敢屠杀手无寸铁的青年学生，激起了全市各阶层人民民族义愤的怒涛。自五月三十一日起全市罢工、罢课、罢市，使全市陷入了瘫痪状态。这时，我又到南京路去看过，所有的商店一律关门闭户，行人冷冷落落，每逢交叉路口，只见巡捕岗哨禁止行人停步，并设置有救火水枪，准备驱散行人，如临大敌，呈现一片阴森死寂的景象。

五卅运动的发展

死难青年学生的鲜血掀起了五卅运动的风暴。群众团体的代表以及社会各界人士络绎不绝地来到上海学联慰问，甚至到深夜里还会有人来访。学联办事处原来很简陋，只有余泽鸿和我应付日常事务，现在很显得忙乱被动，顾此失彼，穷于应付。上海总工会李立三同志来到办事处，他很关心地提醒我说，应抓紧充实学联内部组织，克服杂乱无章的被动状况，他边谈边拟出一个办事分工的组织表给我参考。我很缺少工作经验，受到一次难忘的帮助。

社会主义青年团负责领导青年和学生运动，负责人是团江浙区委书记贺昌同志。学生中党团员的人数还很少，他逐日召开学生团员会议，了解学生罢课后动态，指导健全各校学生会及上海学联的组织。在他的指导下由学联召开各校学生会代表会，讨论通过上海学联的组织章程，选举出上海学联执行委员会，学联执委会复选出南洋大学学生会代表为主任委员。学联在南市租定一幢比较宽敞的房舍为办事处，在主任委员下分设有秘书、总务、接待、财务、宣传等组，并发刊学联的小报。作为南洋大学学生会的代表，陆定一同学和我曾经常住学联办事处办理日常事务。同文书院学生会代表梅中林负责编辑发刊小报，报道和宣传各校学生在罢课期间的活动。

来访的有工人、学生和国内外各界人士。上海总商会这个资产阶级组织也有代表来访，还表示说，电厂和自来水厂是不是也能罢下工来，更能打击帝国主义者。《密勒氏评论周报》总编辑鲍威尔几次来访问过。来访的还有朝鲜人、日本人等。罢岗的华捕来打听是不是可以介绍到广州去另找生活出路。还有表示同情来访的印度巡捕。

声援的电报，汇来的捐款，如雪片飞来，特别是爱国侨胞慷慨捐输，由南洋、旧金山等地纷纷汇来捐款。上海总工会、上海工商学联合会等也都收到有捐赠的款项。上海学联在不太长的期间收到捐款达到四万多元，除留一部分作学联经常费外，按照党领导的指示，四万多元全部拨给上海总工会救济罢工工人。

上海总工会在罢工工人中组织成立基层工会、工人纠察队、童子团等，并发放救济费，使工人能维持起码的生活，坚持罢工，巩固斗争情绪。不少学生到学校邻近的区域去参加工会的宣传组织活动和发放救济费的工作，有的争取加入了党团的组织，成为党在工人区域的工作骨干和积极分子。在坚持罢工中，上海总工会指导工人分别向厂方提出增加工资，改善待遇，承认工会组织等条件，在要求得到一定胜利之后复工。有的基层工会取得厂方的承认，成立了公开或半公开的工会机关，巩固了罢工斗争的成果，也提高了上海总工会在工人群众中的威信。随着形势的发展，党抓住各种时机或纪念节日，组织发动各种形式的群众集会，在召开群众大会和游行示威时，往往有成千上万的群众参加，有力地推动和配合国内各地革命群众运动的发展。

不少新的群众团体纷纷成立，如店员工会、西崽工会、摊贩联合会、各界妇女联合会、上海市商界联合会等。在党领导下发起成立了上海工商学联合会，创办发行工商学联合会会刊，参加编辑的有沈雁冰、萧楚女、夏曦等，撰写发表的社论，深受读者欢迎。

在运动中，党和青年团的组织都有了迅速的发展。上海的党员和青年团员本来为数还不多，全市处于只有几十上百人的小团体组织状态。党和团的组织领导机关分别是党江浙区委和团江浙区委。江浙区委是江苏、浙江两省的领导机关，同时也是实际领导上海市工作的机关，那时还没有分别成立省委和市委的组织。领导机关长时期只设有书记一人单枪匹马地负责工作。随着群众运动的发展，培养吸收了新的团员和党员，发展了在工厂中和学校中的党团支部，壮大了党团员的队伍。在广泛群众中还有更多的人被接收加入国民党，许多学校里先后发展成立了国民党的区分部。

上海市区域辽阔，运动后期被划分为九个区，并成立部委会。在江浙区委的领导下，分区领导支部的工作和群众运动，改变了由江浙区委直接领导支部的方式。江浙区委也补充了组织、宣传、妇女等部的负责同志。上海是党中央和团中央的所在地，负责中央工作的同志常常到地方领导机关来领导工作，也弥补了地方领导机关组织不健全的弱点。在党群机关工作的同志一般都是二三十岁的青年，工作积极努力，生活艰苦朴素，只领取能够维持伙食的生活费和必需的交通费。一般党团员都是义务工作，没有任何待遇。

在半封建半殖民地的旧中国，五卅运动是由于中国共产党坚持不懈地进行群众工作，特别是开展工人运动和青年运动，从而准备了条件；也是在党开始实现民族民主革命统一战线的新形势推动下发动起来的。党始终组织领导了这次规模宏大的革命群众运动，继承发扬了"五四"以来爱国民主的光辉传统，有力地配合推动了全国范围的革命运动，特别是配合着巩固广州革命根据地和准备北伐的斗争。上海的党组织在运动中壮大了党团员的队伍，健全了领导机关的组织，开始成为领导工会、团结各界革命群众团体的群众性的战斗的党。

我粗枝大叶地追述五卅运动，而且涉及运动的一些侧面，疏漏之处在所难免。回顾这一运动，可以想见上海的党组织早期就扎根在工人中，和群众同呼吸共命运；而且执行统一战线的政策，发动青年和妇女，团结各界革命群众，为民族民主革命运动的发展开辟道路，也直接为后来组织上海工人武装起义创造了条件；在尖锐的斗争中锻炼了群众，培养了骨干，壮大了党的队伍，提高了党在群众中的威信。今天党号召我们要发扬革命的优良传统，进一步实现安定团结，为实现四化、振兴中华而努力奋斗。重温五卅运动给我们的启示，仍将具有深远的宝贵的现实意义。

1982年10月6日

忆抗日壮士
杨大雄

施增玮

施增玮，1922年生，浙江萧山人。1939年考入交通大学电机工程系，1942年转入交通大学重庆分校，1943年应征担任美军翻译。1950年获美国普渡大学电气工程硕士学位，1954年获美国西北大学理学博士。1965年起执教匹兹堡大学，在数学系统逻辑设计、信息系统设计、生物图像计算机处理、分时交互作用计算系统等领域造诣颇深。

原载《上海交通大学通讯》，1982年2月，第46—47页。收入本书时略作改动。

杨大雄（1921—1945），上海浦东人。1940年考入交通大学机械工程系，1942年转入交通大学重庆分校。1944年毕业前应征赴抗日前线担任美军翻译，1945年6月21日在柳州前线牺牲。1948年交通大学举行杨大雄烈士纪念碑落成典礼。1997年上海市人民政府追认杨大雄为革命烈士。

杨大雄是抗日烈士。抗战胜利后，交大在校园里修建了杨大雄烈士纪念碑。

大雄和我是省立上海中学初中与高中的同学，他比我低一个年级，但同住一寝室。1937年，上海沦陷以后，上海中学搬迁到法租界菜市路（今上海市顺昌路）。那时我们都忧国忧民地痛恨日寇，参加散发抗日传单等宣传活动。

我于1939年考入交大，大雄于1940年考入交大，我们又在一起了。到交大以后，我们和其他同学一起参加抗日活动。记得当时上海在一些汉奸主持下建立维持会，要学生停止抗日活动，正常上课，有位数学老师在维持会的布告上签了名，同学们就组织起来罢他的课。这位老师很严厉，谁旷一节课，就扣他的总平均成绩一分。同学们就商量好，以拿60分为目标，60分以上的分数准备让他扣，各自报一下可以让他扣多少分，然后排好计划轮流罢他的课。我的数学成绩还好，我说："我有把握，全罢了！"那学期，我自修这门课，比任何课都用功，把书上习题全部做完，还为同学补习，结果期末考试我拿了

65分，其他参加罢课的同学都得了60分以上。经过这一场斗争，认识了许多同学，大家增强了爱国心。

我和杨大雄、冯绍界、王湜淼等六人决定办"震光数理补习学校"，这所学校设在现在延安中路成都北路附近一所房子里，我们这些一、二年级的交大同学任教师，在租界当局注册，由我出面做校长，吸收爱好数、理的年轻人来学习，鼓励他们学成后到后方去。至1941年12月8日太平洋战争爆发时，一共派遣了300多名学生到后方从事通信技术工作，参加抗战。

太平洋战争爆发的第二天，日本人占领租界，从租界地下电台查到我和杨大雄同学的名单，发现我们参加抗日活动，就派日本宪兵到交大课堂上来抓我，厉声问正在上课的老师马就云教授："有没有施增玮？"教授不吭声，又问同学们，大家都不吭声。宪兵们才无奈地走了。幸好那天我在家生病没去上课。课后一位同学赶到我家报信，我就逃到松江我父亲的朋友家中避风三个月，然后准备到重庆去。

我是萧山人，先到绍兴，再到金华一个临时的东南联大报到，那里收沦陷区大学生。杨大雄也躲到那里，我们又在一起了，冯绍界也在。我们打算在东南联大读下去，顷接交大校友会通知，交大同学可以去重庆复课，沿途可以得到各地铁路、公路部门和资源委员会校友们的帮助。我们十多人坐火车到鹰潭，再坐一段船。坐船时遇到一次翻船，好在水浅未死人，可是我得了疟疾。那时日本人炮火声声，于是决定让大部分人先走，杨大雄一人留下陪我，我们上街找到Atbrine针药，冒险让药师进行静脉注射，第二天就继续上路，一天赶一百多里，走路走了三天，直到有火车线的地方搭火车到衡阳。桂林有校友接，从桂林出发乘资源委员会运钨砂的卡车颠簸到了重庆。

交大先借沙坪坝中央大学房子上课，后搬到九龙坡，这时我和杨大雄同班。刚学完一学期，1943年政府征调应届毕业生，我应征为美军当翻译。当时在缅甸前线的中国军官轮流到昆明由美国军官进行训练，掌握新式兵器。我后来升任当步兵主管翻译，交大同学陈华伟当炮兵主管翻译。1944年，国民政府发动知识青年从军，杨大雄也来了，这时我是他的长官了。在我主持下前后有1 000多人学习步兵兵器知识，然后分开当翻译。杨大雄担任美军顾问团的翻译，每次回到昆明休假，常到马街子的步兵训练中心和我们一起玩，拍了许多照片。

1945年，我被选为去美国的一百人之一，任务不明，有的说去帮助训练空军，有的说到日本登陆。我到美国后听说杨大雄牺牲了。他是在一次和美军到广西南部前线视察时，被日军包围了，战斗很激烈，他顽强抵抗到最后牺牲，日军残忍地将他分尸五段，抛入荒山水沟中。抗战胜利后交大为他开了追悼会，在校内建了杨大雄烈士纪念碑[1]。

杨大雄同学与我患难与共，情同手足，至今我一直想念他。

---

[1] 1948年6月21日，杨大雄牺牲三周年之际，交通大学校园里举行了杨大雄烈士追悼大会暨烈士纪念碑揭幕仪式。纪念碑现位于上海交通大学徐汇校区爱国主义一条街。

于无声处

黄旭华

　　黄旭华（1926—2025），广东揭阳人，生于广东海丰。中国工程院院士，中国核潜艇事业开拓者和奠基者之一。1949年毕业于交通大学造船系船舶制造专业。历任中国船舶工业总公司719所副总工程师、副所长、所长兼代理党委书记，先后被国防科工委任命为核潜艇副总设计师、总设计师，我国第一代鱼雷攻击型核潜艇及战略导弹核潜艇的总设计师，被誉为"中国核潜艇之父"。曾获1985年度国家科学技术进步奖特等奖、1996年度国家科学技术进步奖特等奖、2019年"共和国勋章"、2019年度国家最高科学技术奖等荣誉。

原载马德秀主编；《思源·往事》（上海交通大学校史研究口述系列丛书第一辑），上海交通大学出版社2012年版，第142—153页。蔡西玲、朱恺等人访谈整理。

颠沛求学路

1926年我出生在广东省海丰县的一个偏远小镇，父母是村里的"赤脚医生"，育有子女九人，我在兄弟姐妹中排行老三。稍大一些，我进入镇上的一所小学念书。由于地处偏僻，教育落后，镇上的那所学校只有初级部，没有高级部，所以初小毕业后，父亲不得不将我和哥哥两个送到汕尾继续求学。汕尾有一所教会学校，招收寄宿生，从此我就离开了家乡，那一年我八岁。

抗战爆发后，教会小学一度停办，我不得不在家里歇了半年，后来学校搬进了揭阳岭的一个山沟里，就这样我和哥哥又徒步跋涉前往，前后足足走了四天。新校舍简陋无比，其实就是一个草棚，刮风下雨都在里边。不仅如此，日军的轰炸机还常常前来"光顾"，经常是课上到一半，头顶上传来隆隆声，大家只得撇下课本，冲到外边的野草丛里以躲避鬼子的空袭。在这样的环境里，学习效果可想而知，结果小学毕业时只有我和其他几位同学考上了中学。

我考上的是广西省立桂林中学。这所学校在当时两广一带可是大名鼎鼎，马君武即毕业于该校。在白崇禧治桂期间，整个学校实行的是军事化管理，不仅学业要求高，生活管理也很严格，所有学生都被要求穿着统一的校服和军服，每天还要背着木制步枪上操。不过这种军事化的学习生活经历，对我后来严格服从党的组织纪律及适应军工部门工作是有好处的。

1944年我从省立桂林中学毕业后，便前往陪都重庆，准备报考大学。当时正值豫湘桂战役，中日双方鏖战正酣，我乘坐的是火车，前一天晚上启程时桂林还一切正常，没想到第二天刚到柳州，就听说桂林市民已开始向周围疏散，原来长沙已经沦陷，广西门户洞开，日军正面扑过来。从柳州前往重庆的这一路上秩序混乱不堪，抬头随处可见逃难的百姓和溃败的国民党残兵。到达贵阳后就没有铁路了，只得改坐汽车。那个时候，唐山交大已南迁到了贵州平越，我到贵阳时正赶上招生考试，我便参加了。但我还是想去重庆读书，所以没等成绩公布，我就通过同学的关系，坐上了一辆开往重庆的军车。

到达重庆后不久，我收到了来自唐山交大土木系的录取通知书，但由于战时交通不便，再加上我的行李在路上遗失了，所以还是留在了重庆。由于一时没了着落，我进入教育部特设大学先修班，它位于重庆江津白沙镇，是当时教育部为收容来自沦陷区和藏区的流亡学生而专门设立的。我们这些流亡学生由于经历了战乱，一路颠沛流离，因而都格外珍惜学习的机会，大家读书都很用功。一年后，由于我在班里成绩名列前茅，所以被保送升入大学。当时规定保送生也要填写志愿，我填的是中央大学航空系，恰巧这时重庆的交通大学也在招考，我就同时报考了交大的造船系。

事实上，我早先的志向是学医，我父母都是村里的医生，但是他们没有读过正规的医科学校，靠的是传统的土方，一旦遇到了疑难杂症，往往就束手无策了。正因为如此，他们希望我们兄弟姐妹九人中有人长大后能学医，所以在上高中前我一直立志将来做个大夫。但在目睹了日军飞机狂轰滥炸下惨不忍睹的场面后，我改变了初衷，对于制空权的重要性深有体会，决心改学工科，投身国防建设，航空救国。我老家就在海边，小时候经常可以看到海面上游弋着的军舰，也知道制海权事关重大。所以当时想，如果不能学航空，那就学造船，服务海军，反正都是对付敌人。

很快，我就收到了来自教育部的函件，通知我已被正式保送中央大学航空系，几乎同时，我又接到了交大造船系的录取通知书，权衡利弊，最终我选择了交大。原因有二：首先我想学的是工科，从当时国内各高校的工科教育水平来看，交大明显高于中央大学，当初之所以保送志愿没有填交大，就是因为交大门槛太高，怕自己不被录取，如今既然考取了，岂有不去之理？其次，当时中央大学的校长是蒋介石，学校的政治气氛太重了，虽然我那时还是个学生，对国共两党没有多少了解，但我对蒋介石的印象并不好。因此我还是选择了交大。

回首忆恩师

我是1945年9月进入交大渝校的。渝校给我留下的最深印象就是没有正规的教室，只有草棚，且四面透风，幸好重庆的天气还不算太冷。住宿就安排在一个大仓库里，我们一年级百来个新生挤在一起，分上下铺。

翌年春天，学校就复员搬回上海了。三、四年级的学生在民生公司的帮助下坐船经长江返沪，我们低年级学生则是走陆路。先从重庆出发，坐汽车，越秦岭，到达宝鸡；再坐火车一路经西安、南京等地，最后至上海。这段旅程给我留下了深刻的印象。一路上我们都睡在闷罐车里，每个车厢有二三十人，同学之间相互照顾。沿途铁路和公路各段的负责人和管理员工都是交大校友，他们非常热心，当时我就觉得进入交大学习是一个正确的选择。

我想谈谈自己在交大的学习感受。我是以高分考入的，但开学后上了第一堂课，就感到有些头大了，方才明白自己的差距有多大。那时老师授课用的都是英语，教材也是外国原版的，那时候想要找一本中文的专业教材，根本无处可觅。课堂笔记自然也是英文，甚至连试卷也是英文。在这样的环境熏陶下，毕业生阅读外国科技文献的能力还是很强的。不过，交大毕业生的外语能力依然存在着缺陷和不足，那就是口语不行，在这点上不及圣约翰大学。

我考进交大的时候，是班上第一名，如今高校录取都是网上查询，那时都是登在报纸上的。入学后，因为我把大量时间都花在了学生运动上，好多课我都没有上，因而成绩下滑了。临近考试，我就把同学的笔记本借来一看，临时抱佛脚，把考试应付过去，这都是不得已而为之，对此我也不后悔。不过想在工作中把原来在学校落下的知识补回来，所付出的代价不是一倍两倍。基础扎实的人在实际工作中遇到了新问题，很快就能解决，而我却要补上好多别的功课才能攻克。幸亏我在交大读书时学习面很广，不像现在的学校学习内容过于专一，知识面宽使我能够应付多方面的工作需要。

老交大出了很多名师，当年曾经教过我的好几位老师都给我留下了难以磨灭的印象。比如辛一心，他是英国皇家海军学院毕业的，他的课起点很高，但他讲解得十分透彻，板书笔记量多，而且全都是英文的。他上完课后便走了，后续工作都交付助教。助教的工作是很重要的，教授讲课结束后，学生的练习都要助教来把关。辛一心是个人才，可惜去世太早了。至今，中国造船界依然怀念他，他不只对交大，更对中国的船舶设计制造业做出了巨大贡献。

王公衡教授也很不错，他原名王世铨，是国民政府交通部的技正，在交大教书是他的兼职。这种情况在当时比较普遍。记得每星期他都坐火车来给我们上课，主讲"船舶推进"，虽然口才不好，但讲义非常精彩，不过我因为忙于地下学运，他的课我经常没有时间去听。有一次，全班同学要外出游行，我代表全体同学向他请假，他说："看，都让你给带坏了。"新中国成立后，有一次我遇到他，他说："哈哈，黄旭华，算你运气好，不然当年你毕不了业。"

还有个教授叫叶在馥，也是兼职，他是民生公司的总工程师。他上课从不对学生讲什么理论，只是把造船的实际情况从头到尾解释一遍，他把工厂里的一大堆现成资料直接拿到课堂来，这便是他的教学方式。还有赵国华教授，他是庚款留学生，擅长材料力学和应用力学，新中国成立后被调到哈军工，现已去世了。

此外，给我印象较深的还有周同庆教授，他教一年级物理。我当时听说交大有两位物理老师都姓周，凑巧的是他们俩都曾在美国念书，两人彼此之间都不太服气，在教学领域展开了竞争。据说，两人曾当着学生的面闹别扭，为表现自己的学问，两人比赛谁出的试题难。这可难倒了我们学生，当时大家都觉得"倒霉"，不过现在想想，这样一来学生反倒是学会了更多的知识。这两位老师都是很有水平的。

遍地"山茶"香

我在交大求学期间加入了党的外围组织"山茶社"。山茶社的社长是于锡堃，他在重庆育才学校读书时结识了很多进步人士，他考入交大后，想在学校组建一个社团，通过组织文艺演出的形式来团结广大同学，开展学生运动。我和他是同一批复员回沪的，在他的影响下，我加入了山茶社。我们社团在交大举办了好多活动，像"大家唱"这样的歌咏比赛，唱的都是些鼓舞人心的进步歌曲，我在当时还算是个小有名气的指挥呢！此外还演出过皮影戏，在学校里也颇具影响。金凤和魏瑚也都是山茶社的社员。如今尚健在的山茶社老社员，相互之间还保持着通信联系，还成立了"山茶社友联谊会"，定期举行纪念活动。

不久后，我加入了中国共产党。我的入党介绍人是陈如庆，通知我被批准入党的是魏瑚。由于当时局势混乱，各种事件层出不穷，以致我和我的入党介绍人都已记不清正式入党的时间了，因而多年来我一直把转正时间算作正式入党时间，那是1949年4月20日，这一天我终生难忘。当时转组织关系的纪律非常严格，我事先被告知接头暗号及会面的时间与地点，要知道在转党组织关系时，时间必须精确到几点几分，差一点儿都不行。如果迟到了，对方会认为出了差错，马上就起身离开，以免自己暴露被捕，那样一来，组织关系也就中断了，要想再联系上就困难重重了。我在交大地下党活动中所接受的组织性和纪律性的训练，对我以后的工作有很大帮助。我开始从事军工科研的时候，组织上对我提出了三个要求：第一，一辈子不能出名，必须默默无闻地搞研究，如果出名了，那对国防科技的保密工作可不是一件好事，不像现在很多人为了出名而热衷于写作出书。第二，一旦从事了这一行，这辈子就不可能反悔退出，即便是犯了错，也不可能离开，而是调离原先岗位去从事打杂的工作。第三，为保密起见，要尽量减少和家人的往来，尤其不能告诉家人自己是做什么工作的。曾有一位武汉的小朋友问我是如何适应这种保密性极强的工作生活的，我说是在交大从事地下工作时就已接受了组织性、纪律性的教育，这为我后来从事军工科研做了思想上的准备。

从1946年到1949年上海解放，交大开展了很多学生运动。像"反美扶日"运动、抗议英军九龙暴行、抗议美军暴行、"反饥饿、反内战、反迫害"大游行等，尤其是1947年的护校运动给我的印象最深。那一回全校学生几乎都出动了，大家向上海公路局借了好多辆卡车开到火车站，然后由交大学生自行驾驶火车赴南京请愿，我也跟着去了。当时我还不是地下党员，只是山茶社成员，我一路跟到了苏州。国民党当局十分狡猾，拆除了铁轨，我们就下车，把后面的铁轨卸下接到前面。后来当局要了花招，连转弯处的铁轨一起拆掉，这样我们从后面扒下来的直轨就派不上用处了，大家停在那里。后来国民党的教育部长朱家骅来了，隔着老远和我们对话。当时火车停在山坡下，山上有国民党军队，大家坚持先把军队撤了才谈判。通过这次运动，教育部同意不撤销航海、轮机等系，予以保留。

在交大的地下学运活动中，也有惊心动魄的时候。我和学生自治会主席厉良辅同住一间寝室，他早被列入了国民党的黑名单。我们俩的宿舍在一楼，隔壁紧邻着厕所。1948年底的一天晚上，已经过了12点，我还没睡，突然听见有人敲寝室门，我便问："是谁啊？"门外来人说是找厉良辅去社团开会。我警觉起来，叫醒他，说怎么半夜三更还要找你？厉良辅也觉得不对劲，便没有开门。我看了看窗外，发现开水灶旁的草堆下蹲着两个人，我们意识到这绝非好事。外面的人继续敲个不停，我说："他早就去了！"这时，他们突然把事先配好的钥匙插进匙孔，我和厉良辅赶紧顶住房门大叫："同学们，特务来抓人啦！赶快起来营救！"这招果然有效，住在周围宿舍的同学们都起了床，特务一看秘密抓捕行动已暴露，就悻悻地跑了，厉良辅这才脱险。第二天，他就撤退转移了。

还有一次是在"四二六"大逮捕时。其实，早在大逮捕的前几天，组织上已经派人来通知我，说这几日国民党当局可能会有大的抓捕行动，我闻讯后就离开了学校，在外面住了两天，但没有发现什么异常，思想上就麻痹大意，放松了警惕，又回到学校。26日凌晨，已经接近一点了，我还没睡着，因为心里惦记着上海马上就要解放了，激动得难以入眠。突然外面枪声大作，我高兴极了，以为是解放军到了。我和同学们迫不及待地冲出宿舍，却发现有人拿枪指着我们说："不准动！退回去！"我们这才明白已被国民党军警包围。我和机械系的一个同学溜进了厕所，躲到洗脸台下。过了一会儿，有个同学走进来，指着厕所边的楼梯对我们说："这个楼梯宪兵刚检查过，趁着现在他们去换班，你俩赶紧从这里走。"于是我们顺着楼梯跑到了三楼的一间房间里，终于逃过了敌人的魔爪。那次学校有50多人被带走，魏瑚也被捕了。

到临近解放的时候，上海很多学校的地下党组织都被国民党破坏了，但是交大始终是沪上的"民主堡垒"，一直坚持到了解放，没有被破坏。为什么会这样呢？因为交大学生都是经过严格的筛选考试才入校的，素质差的学生想混进来比较难。因此，学生的组成比较单纯，大家能团结一致，这使得特务学生很难在交大活动。

上海解放后，我报名南下，算是提前毕业。正在排队报名的时候，有一个人从后面拍了拍我的肩膀，说："你也要报名啊？"我回头一看，正是党总支书记庄绪良。后来他推荐我到党校学习，这样我就参加了上海市委党校第一期的学习，8月份开课，9月初结束，接着我就参加工作了。

难报三春晖

我从事国防科研数十年，由于工作性质，自己感到对家人，尤其是对我的母亲有愧疚之情。我欠了家人很多。因为工作忙，我答应过孩子的好多事情最终都没能实现。孩子小的时候，我基本都在外面，他们上学、生病我都没有管过，这一切担子都落在了我妻子的肩上，她一直默默地在背后支持着这个家。此外，由于保密要求，我不得不和父母及兄弟姐妹保持一定的距离，父亲去世的时候，我就没能回去。

再说我的母亲，一想到她，我便不能自已。我母亲是个善良的人，经常给人接生，好多人家根本付不起钱，所以等到孩子顺利出生后，有些孩子的父母想送些山货土特产作为酬谢，都被我母亲婉言谢绝了。我母亲只有一个要求，就是等这些孩子长大一些能开口说话的时候，叫她一声"干娘"，就心满意足了。所以她百岁大寿时，前来给她贺寿的干儿子、干女儿一大堆，她自己都认不出来了。

我从1954年开始搞军工，1958年起专门设计研制核潜艇，直到1986年我才跟母亲见了一面。在这期间，我除了经济上给她寄钱补贴家用外，基本上无法照顾到她。我的母亲很伟大，1986年她从报纸上读到了关于我的事迹，就把身边的子女都召集起来，然后只说了一句话："三哥的事情，大家就认可了吧！"她就说了这么短短的一句，可里面包含了多少别人无从知晓的东西。

母亲102岁的时候摔了一跤，内脏出血，医生通知家属说情况不太好，我闻讯后，立即坐飞机回广东。我赶到时，她正在里面睡觉，因为感觉到有人进来，就问是谁，我说是我回来了。她却两手一搭，第一句话竟是："谁通知你回来的？你工作那么忙，我不想让你知道。"我说："我想你。"我刚说完，她的眼泪就流下来了。接着她说："我累了，要睡了。你也累了吧，去旁边房间休息一下吧。"大约过了

20分钟，她醒了，又让我妹妹把我叫进她的房间。她起身，从妹妹手中接过眼镜，仔细看了看我，说："哎呀，你长肥啦（广东话"肥"就是"胖"的意思）。"露出高兴的神色，接着她又躺下睡着了。我妹妹是医生，一直在旁给她把脉。不一会，我看到妹妹哭了，我问她为什么哭？妹妹说："妈妈已经走了。"我悲痛不已。

我想，要成为一名国防科技工作者，必须有甘于奉献的心理准备，除此之外，还得淡泊名利。现在不少人好高骛远，这山看着那山高，或把手头的工作当作"跳板"，如果以这种心态来搞尖端科研，是绝对不会做好的。1986年我回家探亲的时候，正值改革开放初期，我们单位的工资还没变动，但是广东已经走在全国的前面了，当时兄弟姐妹里工资拿得最少的大概就数我了，住房面积最小的大概也是我。他们就对我说："那你还待在那干什么呢？不如回来吧。"我只对他们讲了几句话：第一，我祝贺你；第二，我不眼红；第三，你们走你们的路，我走我的"独木桥"。这三点并非套话，而是我的真实想法。我曾写过一首小诗：花甲痴翁，自探龙宫；惊涛骇浪，乐在其中。我想这在某种程度上可以成为我一生的写照吧。

珍档掌故

SJTU MEMORIES

讲述档案文物背后的动人往事

"无线电之父"马可尼手植天线铜柱

欧七斤

欧七斤，上海交通大学档案文博管理中心副主任、校史博物馆馆长。

在交通大学百年校史长河中，曾经有无数位中外科学泰斗、文化名流、社会贤达以及国家元首先后来交大参观访问或讲学，他们的一系列活动促进了文化交流，活跃了学术气氛，同时也为交大发展史上增添了许多绚丽的亮点、留存了熠熠生辉的纪念物。其中，20世纪30年代无线电通信创始人马可尼访问交大就是众多亮点之一。

伽利尔摩·马可尼生于意大利北部城市波洛尼亚的一户富裕家庭，大学时代就对物理学兴趣浓厚，乐不知疲地钻研电报技术。1895年，年仅21岁的马可尼发明了无线电。1897年，在伦敦成立"马可尼无线电报公司"。1901年马可尼首次使用无线电通信跨越大西洋获得成功，开始将无线电技术在全球广泛使用。1909年与德国物理学家布朗共同获得诺贝尔物理学奖。无线电通信的发明和使用，开创了人类通信的新纪元，其发明者马可尼被后世尊为"无线电之父"。

1933年9月，马可尼为了解世界各地对于无线电的利用情况，考察自己所创立的跨国企业马可尼电报公司的经营状况，年近花甲的他偕同夫人周游世界各国。12月初，马可尼夫妇一行经日本、朝鲜首先到达中国沈阳，继而往北平、南京，备受社会各界欢迎。7日早晨马可尼抵达上海，沪上中外各界人士及交大校长黎照寰均前往火车站迎接。中央研究院、中国科学社、上海市各大学联合会等14家学术团体以马氏发明无线电于世界科学界贡献卓著，为表示钦仰起见，商议在交通大学容闳堂举行欢迎茶话会，并准备请马氏作一次有关无线电的学术演讲。

14家学术团体之所以将茶话会的地点选在徐家汇的交通大学，是因为交大独具几点优势：首先，交大为当时国内最著名的理工科大学之一，在国际上也享有一定的知名度。电机工程学院设有电信门，致力于无线通信的教学研究，是我国最早教授电报理论与实践的大学，马氏来交大必然对千余名莘莘学子产生深远的影响，对电信门的发展也具有不可估量的作用。名牌大学的地位和电信专业的设置是适合接待马可尼的重要因素。再有，到1933年底，交大在基础设施建设方面已经具备一定的规模，容闳堂、工程馆新建而成，四壁生辉，文治堂气势恢宏，可以接纳五百人听演讲，加上优美的校园环境，实在是欢迎马氏的最佳地点。最后，14家学术团体的代表人大都和交大有着较深的渊源，这次欢迎茶话会主席蔡元培曾执掌交大校长一职，中国无线电工程学校校长方子卫、中国科学社胡刚复、上海市教育局局长徐佩璜均是交大校友。不难看出，交通大学兼具天时地利人和诸条件，当然成为接待马可尼的首选地点。

12月8日下午4时许，马可尼驱车前来，当马可尼的汽车开进交通大学大门之后，列队迎接的千余名学生，高声呐喊，拥着汽车，争睹马氏风采，马可尼微笑答礼。四时半，茶话会在容闳堂开始。出席会议的除本校人员外，还有中央研究院院长蔡元培、中国科学社胡刚复、暨南大学校长郑洪年、驻沪各国领事以及各学术团体代表共百余人。中外记者纷至沓来，竞相采访报道，上海联华影业公司还特意派人前来拍摄专题影片。

会上，先由黎照寰校长致辞，盛赞马可尼发明无线电，把它和发现美洲一起誉为对现代世界影响最大的两件事情。接着，蔡元培致欢迎辞，由黎照寰当场翻译成英语。之后，马可尼致谢辞："昔吾国马可·波罗氏，曾为中国官吏，也曾为中国做过事，本人则感惭愧。……本人现亲见贵国人，现已有甚多努力于物理等学之研究者，此为甚可喜之事。"盛赞中意之间的历史友谊和中国当代物理学研究之进步。

马可尼纪念铜柱树基典礼（右四马可尼、右六黎照寰）

　　会后，马可尼应邀来到工程馆前草坪左侧，为即待兴建的无线电台举行树基仪式，借以作马氏来中国访问的永久纪念。先由黎校长报告此典礼的重要意义，继由马氏亲手铲土，竖立一无线电铜柱。该铜柱直径寸余，高可达二十尺，形状如马可尼1895年设计的柱状垂直天线，由交大校友、中国无线电工程学校校长方子卫捐赠母校，命名为"马可尼铜柱"，寓意马氏发明无线电天线，并且勉励青年学子矢志科学研究，勇于发明创造。马氏称赞该纪念物结构新颖巧敏，并笑言，如果用于无线电超短波，则该铜柱太长，最适合用于中波。典礼结束后，集体摄影一帧，留下了珍贵的纪念。可惜由于马可尼身体不适，患感冒风寒，原定的演讲活动也只有临时取消。树基典礼结束后，马可尼登车离校，前往住宿地外滩华懋饭店（今和平饭店）。

我国著名无线电专家曹仲渊当时作为14家学术团体代表，参与接待了马可尼在交大的整个过程，之后他在其著作《马可尼》一书中高度评价了马可尼来交大的重大意义："予我国青年以一最好的科学模范人物的观念，引起其研究科学的兴趣，使在世界学术界不致永久地落伍。"当时交大电机工程学院大四学生、后来成为中国通信界元勋的张煦院士也回忆说："很巧，在毕业前几个月，国际公认的无线电通信发明家马可尼来上海交大访问，学生们列队欢迎，看到纪念性无线柱在工程馆广场的奠基仪式，深受鼓舞，这也是交大的光荣。"

马可尼在交大一手植下的不仅仅是一根纪念铜柱，更给交大植下了一种科学精神，使代代学子们取之不尽，用之不完。时至今日，这根具有历史纪念和昭示科学精神的马可尼铜柱仍然矗立在交大工程馆中庭内。2009年1月，随着交大办学中心转移到闵行新校区，马可尼铜柱也被复制式传承到闵行校区电信群楼西侧，延续着马可尼与交大的跨世纪情缘。

交大徐汇校园内的马可尼铜柱

闲话校园老景
"日晷台"

胡 端

胡端，上海交通大学档案文博管理中心校史研究室（党史研究室）副主任。

原题《新学期：时不我待，与日俱进——交大日晷台》，载上海交大档案文博管理中心官网，发布日期2017年2月21日。

徜徉在今天宁静优雅的交大徐汇校园里，你会感觉自己仿佛置身于悠悠青史的长廊之中。

校园内一处处神韵别致的人文景观都源远流长，一幢幢质朴典雅的老建筑都年深岁久。仿宫殿式校门、老图书馆、饮水思源碑、中院、新中院、总办公厅（容闳堂）、体育馆、工程馆、五卅纪念柱、马可尼铜柱等，都充分见证了从南洋公学到上海交大跨越三个世纪的风雨沧桑。

在这些历经岁月年轮冲刷的胜迹之中，有这么一处景观，虽不甚起眼，但却颇有来历、别具内涵。这就是如今位于徐汇校区大草坪南面、史穆烈士墓东侧的日晷台。

徐汇校区的日晷台

这座日晷台，最早始建于1925年。时值交通大学1915级（乙卯级）同学毕业十周年纪念，该级校友为感念母校的栽培，特地在校园中建筑日晷台一座，以留纪念。

1925年9月27日午时，该级毕业生陆富如、黄子献、程博霄、朱玉如、傅宜叔5人与校长凌鸿勋、教员杨建明等人，为日晷台的落成举办了一个简短的仪式。先由陆富如报告，再请老校友林康侯宣布开幕并致辞，一时间爆竹声、喧掌声雷动，颇极一时之盛。最后，新旧同学分列于新建的日晷台两侧，留下了一张弥足珍贵的合影。

1925年9月，交大乙卯级同学与校长凌鸿勋（右四）在新落成的日晷台处合影

　　对于这座日晷台，我们不禁要问当时它建成时的形制如何？与现在的有何不同？当年校友为何要做此建筑？可惜，校史资料中很少记载这些细节。

　　单从图片上来看，1925年建筑的日晷台大小、高度均与现在大同小异，台身也是在一块方形的大理石柱，不同的是，日晷没有像现在这样南高北低地安置在台面上。从正面与侧面，似乎看不到石制的圆盘，即晷面，只有一根铜制的指针，即晷针，斜插在大理石台上。

之所以正面看不到晷面，原因很可能在于这是座平日晷，即晷面水平放置而晷针指向北极，晷面和晷针之间的夹角就是当地的地理纬度。这里有一个佐证：今天的台湾清华大学曾复原重建了一座20世纪20年代的旧日晷（原由1920级清华校友捐赠），从复原图中明显可见它就是平日晷。而交大的老日晷与清华的旧日晷的捐建时代都在20世纪20年代，有着共同的时代工艺和形式背景，且两者晷针的位置在图片上是一致的，因此，交大的老日晷是平日晷的可能性很大。

至于为何要做此建筑？资料中也没有详明缘由。不过从交大1925年捐建的日晷台台身上镌刻的"与日俱进"四字，可以想见当时的校友是想借此"一语双关"。

一方面，日晷是我国古代利用太阳投射的影子来测定并划分时刻的计时仪器，日指太阳，晷表示影子，日晷即太阳的影子，因此题名"与日俱进"，自然十分贴切。另一方面，它蕴含着当时的老学长对在校师生不断追求进步与卓越的切盼与勉励，同时也体现了交通大学肇兴以来几经沧桑起伏，但一直拥有夸父追日般的力量和气魄，已成为学校传承与发展的重要文化品格与精神内涵。

值得一提的是，此类建筑在当时许多大学如清华大学、燕京大学、复旦大学、中山大学等都有设置，至今许多高校仍有遗踪。从这种建筑的普遍性来说，其他大学设置日晷的用意或许也能适用交大。

1937年中山大学老校友在法学院捐建一座日晷台，本意在于："并取日晷仪之形端表正，借示政治、法律、经济诸端之准则。使凡出入本院之人，日受感召，将来学成致用，亦能本其日之认识，深知所以自处，以大有造于社会、国家。意义至为深远，固不仅取其美观实用已也。"对交大来说，虽然不侧重经济政法等科，但取日晷"形端表正"之深意对侧重理工科的交大学子来说同样适用。

可惜的是，之后的战争动荡对交大校园造成了极大的冲击，这座日晷台也在几番无情的岁月冲刷之后被毁坏。

直到改革开放后的1988年4月，1938级校友在毕业50周年回母校参加92周年校庆时重建了日晷台。台面上重置了赤道式日晷仪，台身上砌有纪念碑，碑文大意："校庆归来，古稀团聚，饮水思源，无限感奋，重建日晷，合献母校。"与当初一样，寄予了该级校友对在校师生在新时期"任重道远，与日俱进"的勉励。同时还举行了新日晷的落成仪式。时任上海市政府顾问、校友汪道涵出席并与学校领导、校友、教师等在日晷台处合影留念。

1991年，交大1987、1988、1989、1990各级在校学生又在闵行新校区第一餐厅前集资建造了一座现代化的日晷（由学校原机械制造及自动化系主任吴振华教授设计，现已移至机动学院进口处），台身上刻"时不我待"四字，与徐汇校园日晷的"与日俱进"遥相呼应，实现了日晷本身及与时俱进之精神在三代交大人之间的完美传承。

为了王震将军的援疆嘱托
——记上海交通大学始于
20世纪80年代的援疆工作

章玲苓

章苓玲，上海交通大学档案文博管理中心年鉴校志室主任。

原载《档案春秋》2009年第8期，第5—7页。

交大援疆十大条款

从1978年到1986年，开国元勋王震将军曾兼任上海交通大学校务委员会主任长达8年之久，在此期间，王震同志对上海交大援疆工作十分关心，多次嘱托学校"要为新疆的开发建设和经济起飞多做一些工作"，并多次做了具体指示。为了响应党中央关于建设新疆和大西北的号召并根据王震同志的重要指示精神，1982年8月，校党委书记邓旭初率领专家、干部专程去新疆主动请战，他在了解情况以后，代表校党委宣布上海交大准备从十个方面支援新疆建设。

（一）协助新疆维吾尔自治区筹建一所现职干部的培训中心，轮训工业管理干部。

（二）选拔一批学有专长的博士、硕士去新疆，参加制订新疆长远的经济发展规划，为自治区党委和政府的经济决策提供有科学根据的可供选择的方案。

（三）今年先办一个新疆少数民族英语班，招收20名学生，培养英语师资。另外再招收新疆10名汉族学生插入交大各英语班学习科技英语。以后再扩大招收少数民族学生。

（四）派教师去乌鲁木齐办一个高等学校英语教师进修班，培养提高新疆高等学校英语教师的业务水平。

（五）接收新疆高等学校教师来交大进修提高。第一批将接收50名，进修费用按教育部规定的收费标准减半收取。

（六）动员交大在校教师赴新疆长期工作。同时也将安排教师去新疆短期任教，时间为一学期或若干年。

（七）邀请新疆大学、新疆工学院、八一农学院、石河子农学院于今年十月派员来交大，商谈对上述学校某些专业的对口挂钩支援的问题。

（八）向新疆高校无偿调拨一批重要的仪器设备。

（九）将1万多册图书、资料无偿调拨给新疆高校。

（十）凡由上海交大举办的学术会议和邀请中外专家讲学等学术活动，均通知新疆有关高校参加。

至此，上海交大的援疆工作拉开了序幕，学校明确把援疆建设作为一项经常性的任务来落实，要求有关系科、部门提出打算，拟出计划，执行援疆任务，各系科及部门负责人先后到新疆洽谈落实。

从1982年到1986年的4年内，上海交大从教育、科研、生产等多方面承担了援疆任务，内容涉及建设发展规划、勘探资源、培养人才、工业生产等领域，取得了显著效果。

1983年5月20日，上海交大给新疆工学院的信

为新疆制定长远发展规划提供咨询

1982 年 11 月，中共新疆自治区党委第一书记王恩茂写信给学校党委书记邓旭初，热情邀请交大派几位学有专长的专家、教授为新疆国民经济长远发展计划提供战略咨询。这项任务交给了校系统工程研究所。

系统工程在当时是一门新兴的科学。应用系统工程的方法研究一个省（区）的社会经济的长远发展规划在国内还是第一次，是一项学术上具有国际水准的高难度研究工作。

科研人员接到任务后就下定决心，充满信心，表示坚决完成这一光荣、艰巨的任务。

系统工程研究所为完成此项任务先后派出20多人次4次赶赴新疆，他们依靠新疆同志的支持和指导，采集了新疆解放前后各行各业社会经济变迁的各种数据共50万个，经过筛选，整理出5万个最能说明问题的数据，通过建立新疆宏观社会经济模型和大量的计算机仿真工作，提出了关于新疆国民经济长远发展规划的战略目标、实现目标的主要约束条件以及分析与对策等咨询意见。

经过一年多的努力，运用系统工程的方法，上海交大胜利完成了"新疆自治区国民经济与社会发展战略模型"这一课题，受到新疆自治区党政领导的高度赞扬。1984 年 9 月 5 日，新疆自治区政府向上海交大发出感谢信，对研究人员努力攀登科学技术高峰和闯新路的精神表示赞赏，信中说，上海交大系统工程研究所"提出的关于新疆国民经济长远发展规划的战略目标、实现目标主要约束条件以及分析和政策等咨询意见，符合新疆的实际，可以作为自治区编制长远规划的计算依据，确实具有实用价值"。

在完成了新疆国民经济与社会发展战略咨询（模型）任务以后，应自治区的热切邀请，系统工程研究所又与自治区计划委员会经济研究所共同进行计划工作模型的研究任务，利用系统工程和计算机现代化科学方法和手段为新疆编制5年规划。从1984年底开始，经过一年多的艰辛工作，完成了该模型的工业计划工作子模型的研究任务。

1986年9月23日，新疆维吾尔自治区人民政府办公厅致函上海交大，信中写道："经过自治区党委、人民政府主要领导的审查认为，可以作为自治区国民经济和社会发展决策的分析依据。通过自治区计委有关处室的初步考核认为：该子模型完全符合编制滚动的年度。五年工业计划和长远工业规划、验证工业计划和预测工业计划的功能，由于模型留有了调整余地，可以适应情况不断变化，具备了较长时期的使用价值，可以作为科学地编制、验证和预测工业计划的工具"，"自治区人民政府非常感谢上海交通大学管理学院系统工程研究所勇于承担国内外前所未有的，十分复杂艰巨的研究任务的开拓精神，认真负责的态度，为自治区国民经济和社会发展决策工作的科学化，为计划工作实现传统方法与科学方法的双轨制作出了很大贡献"。

运用现代科学手段，帮助新疆进行自然资源分析

上海交大图像处理和模式识别研究室为开发边疆丰富的资源，承担了"新疆塔里木河自然资源航空照片图像处理"的科研任务。

塔里木河是我国最大的内陆河，因河床发育异常，支流纵横交叉，湖沼遍布，消耗了大量的水资源，不仅使中下游的森林植被遭到破坏，而且危及著名的在"丝绸之路"——塔河流域的绿色走廊，因

此查清塔里木河及其支流的自然资源具有十分重大的意义。

为了掌握第一手资料，该研究室主任三次赴新疆调研，学校教师和研究生一起跟随专业人员进行野外考察，每日行程十公里，跋涉于荒漠之中，历尽艰险，获得丰富珍贵资料，为计算机程序设计中的特征抽取和交互式处理奠定了基础。

塔里木河及其支流航空图片共有35 000张，工作量大，该室同志对处理方案反复讨论，并邀请同行专家进行技术论证，与会专家肯定了该研究室提出的方案。为了加快工作进程，校党委书记邓旭初听取调研同志汇报，观看了塔河流域录像，并组织学校有关部门通力协作，使工作进程加快，最终顺利完成任务。

为新疆地区培养多规格、多层次人才，提高新疆地区教育水平

对于新疆经济建设来说，作为一所高等学校光输出技术是不够的，学校在承接课题或技术协作时比较注意为新疆方面培训人才，希望通过培训人才，使他们既掌握现代科学技术，又不断开拓，走到科学技术前沿阵地上来。

为了帮助新疆高校提高师资水平，上海交大接受新疆六所高校教师来交大进修35门课程，并派遣有经验的教师赴新疆承担高校授课任务。例如，图像处理和模式识别研究室承接塔里木河流域航空图片处理，该课题涉及地质、地理、测绘、水利、生物土壤、沙漠、农业规划等方面技术部门，这些方面的数据需要用计算机处理。为此，学校专门派教员赶赴新疆短期讲学，讲授计算机原理和语言，计算机图像处理基础课。

鉴于新疆企业亟须提高管理水平，上海交大帮助新疆建立了一所现职干部培训中心，培养工业管理干部。

在培养专业技术人员和教师的同时，上海交大还直接招收新疆本科新生，为新疆地区培养对口急需的专业人才，学校在学习上严格训练他们，在思想政治上严格要求他们，使这些学生进校后得到了健康成长。

上海交通大学有良好的教学计划和较高的教学质量，但新疆招收来的学生水平不一，加上少数民族学生汉语基础较差，特别是民族班的学生困难更大，难以按正常教学计划跟大班上课，学校针对这一情况对少数民族学生进行了认真分析，因材施教，教务处又与所在系逐一具体商讨，安排民族班单独开课，且根据民族班学生特点修订教学计划。

学校派出有丰富教学经验、责任心强的教师讲授民族班的课程，教师们讲课耐心、认真，方法和进度也掌握得好，而且善于了解同学们的心理，在学习上给予精心的指导，对个别困难大的同学课后还进行辅导。

各系还派出了优秀教师担任民族班的班主任，其中有市级先进教师、校优秀班主任，还有生长在新疆会维语懂风土人情的留校助教。他们把学生当亲人，在生活上悉心照料、思想上热情指导、学习上严格要求。民族班学生还未到校，班主任就为他们安排好宿舍及床位，亲自陪新来的同学上街购买生活用品，帮助料理生活。班主任还注意根据少数民族学生的特点，为他们组织丰富而有意义的活动，如浦江夜游、参观宝钢、生日晚会、体育竞赛、卫生评比等。班主任春风化雨般的教育，增强了学生们建设边疆的责任心和积极向上的热情。

学校注意在教职工和学生中进行民族政策的教育，要求大家一起来关心少数民族学生的学习成长，尊重他们的风俗习惯。学校办有清真食堂，每逢少数民族传统的节日，如古尔邦节、开斋节都专门拨出经费让学生与校领导、任课教师、少数民族教工一起聚餐，开联欢会，欢度节日，使少数民族同学感到就像在家里一样，无比温暖。

学校少数民族教工联谊会也十分关心少数民族学生的成长，组织学习讨论会，在学习方法上给予指导，并邀请同学们一起参加联谊活动、共同举办新年晚会，还邀请许多知名专家和演员参加。大家在一起有共同习惯和语言，经常在宿舍促膝谈心，十分融洽。

4年内，上海交大先后为新疆自治区培养了8名硕士研究生（按国家教委规定标准的四分之一收取培养费，免收基建费）；接受自治区有关高等学校进修教师53人（按国家教委规定标准半价收费）；免费为自治区定向培养本科大学生150名（民族班学生100名、汉族学生50名，其中30名毕业返疆工作）；招收干部专修班学员近100名。

4年内，上海交大还先后向新疆大学、新疆工学院、八一农学院、石河子农学院等新疆6所高等学校无偿调拨了296件价值86万元的教学仪器设备。

为了使调拨设备能在新疆各大学实际工作中发挥作用，学校采取了先看货、后落实的办法，防止盲目性和浪费。新疆高校先后来交大共看了44个实验室、工厂，对已确定的仪器设备由学校设备管理部门登记，并由学校召开有关实验室主任、工厂负责人会议，要求对新疆高校要的仪器设备进行全面检查，需修理及时修理，做到完好无损，有的系还派人到新疆安装调试，主动向新疆的同志介绍仪器、设备的性能。对此，新疆的同志很满意。

此外，交大还向新疆高校赠送10 000多册科技图书，并将4台图书磁性检测系统赠送给新疆4所高校。

发挥学科优势，承接经济建设协作项目

1982年后，学校派出多批专家组赶赴新疆考察、洽谈，其中有焊接、锻压、热处理、铸造、机械制造与工艺、图像处理、输配电、遥感、热工、化工和环境工程等11个专业的教师和科研人员，与有关厂矿企业、试验站、分专业对口座谈，承接了19个支援新疆经济建设项目。为完成这些项目，学校相关院系、研究所教职工，采取主动、积极态度，千方百计克服困难，落实任务，在人力、物力、财力上竭尽全力，毫不顾惜。

例如，为完成"3NB-1000泥浆泵金属缸套研制"项目，在科研经费未汇来之前，研究费用均由机械工程系垫付，保证了调研工艺方案的制订以及订货工作正常进行。该项目进入调试阶段，项目经费短缺7.45万元，厂方只汇入5万元，考虑到援疆的重要意义，系里自行解决了。此外，"关于耐磨材料堆焊技术研究""冷挤压技术应用的研究"等几个项目也由于同样原因，对方缺乏资金，都由学校无偿资助解决。

上海交大这4年的援疆工作，发挥了高校和学科的优势，在科研、教学上全力支持了新疆社会主义建设，培养了新疆的干部和人才，帮助了新疆的经济建设，对加快少数民族地区、边疆地区经济发展，加强民族团结，巩固边防，促进全国经济发展有极为重要的意义。

新疆自治区几位领导同志说，新疆正值发展时期，也是比较困难

的时期，上海交大同志们在这一时期给予他们的帮助，特别珍贵，将来新疆各族人民条件好了，也忘不了上海交大。为了感谢上海交大的支援，自治区党委和人民政府还向上海交大发来了感谢信，赠送了一面绣有"主动支援，真诚帮助"的锦旗。

1986年9月23日，新疆自治区政府致上海交大的感谢信

援疆接力棒长传不辍

1986年4月，上海交大党委书记邓旭初卸任，援疆的接力棒交到了新任党委书记何友声的手中。9月15日至25日，应中共新疆维吾尔自治区党委书记宋汉良、顾问委员会主任王恩茂的邀请，走马上任的党委书记何友声和副校长朱雅轩等一行11人赴新疆进行工作。此行的目的，一是向自治区领导同志汇报4年来学校与新疆合作情况；二是接受自治区新的合作任务；三是领导班子变动后，新老班子做

好合作的衔接工作。上海交大代表团在新疆与自治区科委、教委和喀什地区的相关单位进行了友好洽谈，就继续帮助新疆发展教育事业培养学生与师资人才，承担新的科研攻关任务等事宜，分别与自治区科委、教委和喀什地区签订了协议书。就援疆的力度和范围来讲，新的合作均比此前有了进一步的加强与扩大。

从20世纪80年代初开始的援疆工作，在上海交大内一直传承不辍。如今援疆的接力棒仍在校园内传递，并且将继续传递下去。

长征四号乙火箭落户交大记

游本凤

游本凤，研究员，曾任《上海航天报》总编，上海交通大学校史研究室返聘研究员。

在上海交大闵行校区航空航天学院大门的东边，横卧着一枚乳白色的巨型火箭，箭体上"中国航天"4个大字十分醒目，另外还书写着"CZ-4B"几个英文字母，即"长征四号乙"的英文名称缩写。该火箭长40多米，直径3米多，堪称庞然大物，一时成为交大校园里一个亮丽的景观，不时引起交大师生及诸多外来人员的兴趣，大家在观赏火箭的同时，纷纷与火箭合影留念。

说起这枚火箭的来历，以及怎么会落户交大校园，作为曾经参与该火箭征集工作的主要当事人，我对整个过程记忆犹新，历历在目。

坐落于交大闵行校园里的长征四号乙火箭

促成长征四号乙火箭等展品转移到交大

2014年9月我年满60岁退休，当年12月即被上海交大钱学森图书馆聘任为高级顾问。聘任期间，我总想利用原先长期在航天领域工作的各方面资源，为学校做点实事。

我在岗时就知道上海市基于"航天闵行"的概念，以及如日中天的航天影响力，设想在闵行区浦江镇建一个中国航天博物馆，打响航天品牌。上海市政府与中国航天科技集团公司就开设中国航天博物馆事项取得共识，并达成战略合作框架协议，时任上海市市长韩正、中国航天科技集团公司总经理张庆伟出席签约仪式。我当时以《上海航天报》记者的身份也参加了签约仪式。根据协议，上海市提供地块（即闵行区浦江镇工业园区），作为博物馆馆址；航天方面提供火箭（火箭发动机、整流罩等）、导弹（包括发射车等地面发控装置）以及卫星和载人航天模型等展品，用航天实物支撑博物馆建馆。博物馆建设项目的具体实施则落实到了闵行区和上海航天技术研究院身上。当时两家单位都十分重视该项目，上海航天技术研究院很快慷慨地拿出火箭、火箭发动机等一大批实物，闵行区也及时成立博物馆（筹备）领导小组和工作组，并落实了浦江镇工业园区150亩地的博物馆地块。博物馆前期的总体规划、建筑设计招标、展出内容大纲撰写等都已启动，甚至已经将地铁8号线的一个站点命名为"航天博物馆站（筹）"。

万事俱备，只欠东风。但在博物馆的推进和实施过程中，偏偏"东风"迟迟不来。该项目面临建馆启动资金问题、博物馆建成后维持运作资金来源等问题的困扰，种种因素最终导致该项目遭遇下马的命运，而所有航天展品存放在老沪闵路一间大库房内。

当时博物馆筹备工作组组长是李明光，原来是上海航天新新机器厂厂长，在筹建期间，许多航天展品都是通过他联络拿到的，尤其是多辆导弹装备车及导弹实物是他从洛阳某军事工程学院征集来的，为此他数次北上，联络牵头，千里迢迢，亲自押运到上海。

早年在航天岗位时，无论是工作上的关系或是私交，我与李明光都是不错的。于是，我就交大欲征集这批航天展品之事多次与他沟通。李明光表示，交大作为著名高校，曾经为我国的航天事业发展做出过重要贡献，而钱学森图书馆又是以"中国航天之父"钱学森命名的，这些因素都是获得这批展品十分有利的条件，因而他们在商讨展品移交之事时会尽量向上海交大倾斜。当时，另有几家单位也提出了分享航天展品的请求。

其间，我还带领时任钱馆执行馆长张凯、党总支书记盛懿等前往老沪闵路大仓库去查看火箭、火箭发动机、导弹装备车等展品。陪同的李明光介绍，存放这些航天产品租金不菲，而且这里的库房地块正面临动迁，因此闵行区政府要求博物馆工作组在规定期限内必须将这些展品移交出去。而上海航天技术研究院也明确表示，拿出去的展品不想再收回，希望闵行区来具体协调展品接收单位，妥善处理好展品善后工作。

得到这些信息，我感到真是机不可失、时不再来，立刻向张馆长和盛书记说明了上海交大征集这批航天展品的优势所在，他们对此项征集工作也充满了信心，并向学校党政领导班子做了专题汇报，最终校领导决定拿下这批航天展品。后来，在李明光等人的积极斡旋和热心帮助下，经上海航天技术研究院同意，上海交大顺利拿到了这批展品。

2017年盛夏的一天，冒着酷暑，我和钱馆办公室的高磊老师、航空航天学院的杜梅老师，连续数天战高温、斗炎热，在老沪闵路仓库负责协调航天产品运输过程中的一些事项，直至将这些航天展品浩浩荡荡地运送到上海交大闵行。后来，经过内部协调，数台火箭发动机、火箭整流罩及一枚红旗二号导弹运送到钱馆，大火箭和数辆导弹装备车，以及一架旧的歼6战斗机（也是我从航天单位征集来的）留在上海交大闵行校区。

本来我的设想是将那枚长征四号乙大火箭竖立在航空航天学院附近的广场上，更加突显其巍峨壮观。为此我还专门联系上海航天火箭总装厂总装车间，请求帮助和支持。该车间党支部书记与我较熟悉，一口答应下来。他带领几位总装师傅来到闵行校区进行现场勘察，与校方人员就如何竖立火箭进行反复商议。后来考虑到上海台风季节风大，高耸的箭体长期竖立可能存在安全隐患，最后决定对火箭做横卧摆放处理。

回想起来，能够帮助上海交大征集到长征四号乙火箭等航天展品，成功的原因是多方面的：一是碰到一个千载难逢的大好机遇，可谓天时地利人和；二是凭借交大的知名度，闵行区和航天方面均愿意将上述展品移交给交大；三就是我从中做了穿针引线的工作，最终促成了此事。作为退休后一直在上海交大发挥余热的航天人，能为上海交大征集到长征四号乙火箭这一"无价之宝"，办成了一件在常人几乎不可能办到的事情，我心里感到非常欣慰。

钱学森大力支持上海搞长征四号

既然长征四号乙火箭已落户上海交大，就应该让交大人知道一些关于长征四号乙火箭的前世今生。因为长征四号系列火箭的历史悠久，说来话长。

20世纪70年代初，由周恩来总理亲自批示，上马研制地球静止轨道通信卫星，这项任务技术上主要由钱学森负责。后来党中央和毛泽东主席批准了《关于发展我国通信卫星问题的报告》，我国通信卫星工程由此启动，并命名为"331工程"。

发射卫星必须要有火箭来作为运载工具，当时已基本确定由长征三号运载火箭来承担此发射任务。

长征三号是一枚正在研制中的新型火箭，由三级火箭组成，其一、二级由上海航天研制，三级由北京一院研制，火箭技术抓总由北京一院承担。上海航天搞一、二级应该说难度不是很大，因为之前已有风暴一号火箭研制和发射成功的基础。但三级的研制难度相当大，因为三级发动机采用的燃料不是常温常规燃料，而是液氢液氧低温高能燃料。低温推进剂方案技术先进、性能高、推力大，代表着未来火箭的发展方向。但中国航天在这方面的研制基础差，研制难度比想象的要大得多。其中液氧的沸点为−183℃，液氢的沸点为−253℃，如此极端低温，导致燃料的储存、输送和加注都碰到了非常棘手的技术瓶颈。此前我们国家从未搞过低温燃料，研制初期，氢氧发动机的试车一直不顺利。多次失败后，钱学森非常着急。为确保如期发射通信卫星，钱学森于1979年2月15日在上海延安饭店主持了用常规燃料的三级发动机的长征四号作为运载火箭的方案论证会，并明确由上海航天负责火箭总体设计和技术抓总。当时该火箭并不叫长征四号，而叫新长征三号。也就是说，新长征三号是作为长征三号的备份火箭来研制的。在钱学森的大力支持下，新长征三号的立项很快得到上级批准，研制队伍也在短时间内建立起来，研制经费及时得到保证，火箭研制进展顺利。

这样，上海航天既与北京一院合作研制长征三号，又独立研制新长征三号，由长征三号带出了新长征三号，等于为上海航天增加了一个新型火箭，这在当时是可以写进航天发展历史的事件。而新长征三号除了没有三级氢氧发动机外，其他一、二级和各个系统都比长征三号先进，尤其是一、二级良好的性能弥补了常规三级性能较低的缺陷。这也是钱学森支持新长征三号上马的依据和理由。

据原上海航天局副局长施金苗回忆，新长征三号的立项促使了长征三号必须加快研制步伐，特别是氢氧发动机的研制。有趣的是，当长征三号氢氧发动机试车顺利时，新长征三号的研制便受到了冷落，上级很少来过问。而当氢氧发动机试车失利时，新长征三号则地位上升，上级又加大对其投入。业内人士都知道，这是两个型号的火箭研制在暗暗较劲。

实事求是说，就总的方向和趋势来看，当时航天部领导还是倾向于长征三号，毕竟氢氧发动机是一项新技术，代表着国际上航天发动机的发展方向，中国航天要迎头赶上，必须啃下这一"硬骨头"，为后续发展提供技术支撑。在我国著名火箭发动机专家任新民、朱森元的带领下，历时十多年，最终攻克了氢氧发动机诸多技术难关，于1983年拿出经过充分试验验证、达到应用水准的氢氧发动机。最终，长征三号火箭正式启用，1984年4月8日携带东方红二号通信卫星发射升空，卫星成功定点于距离地球36 000公里的静止轨道。

这样一来，新长征三号作为备份火箭的使命结束，于是更名为长征四号甲，并接受了新的发射任务，即运载风云一号气象卫星。

长征四号系列火箭的辉煌史

长征四号之所以是系列火箭，因为其包含三个型号，即长征四号甲、长征四号乙和长征四号丙。长征四号甲于1988年和1990年只发射了两发，此后经过较大的技术改进，升级为长征四号乙。火箭改进后的突出特点是可靠性高、发射精度高、成本造价低、适应性强，能够在国内三个发射场发射各种用途的卫星。后来为了发射载荷更大的卫星的需要，科技人员对火箭第三级发动机实施二次点火技术更新，于是推力更大的火箭被命名为长征四号丙。目前长征四号乙和长征四号丙这两型火箭一直作为现役型号，频繁地参与各项发射活动。

追溯长征四号系列火箭的功绩，可以说是硕果累累，威名远扬。长征四号甲虽然只打了两发，但在那个"十年磨一剑"的年代，作为我国为数不多的新型火箭，首箭发射就开创了中国大型运载火箭首发一次成功的纪录，其轰动效应非同一般。而长征四号乙作为"复仇"之箭，轰动全国。那是在1999年5月初，长征四号乙火箭已经竖立在太原卫星发射中心的发射塔上，准备发射第三颗风云一号气象卫星，这时发生了震惊中外的我国驻外大使馆被炸事件。

交大老学长、中国航天科技集团公司原总经理王礼恒回忆当时的情景："我上任后遇到的第一件事就是那年的5月8日，以美国为首的北约组织轰炸了我国驻南斯拉夫大使馆，造成多人死伤。对此，我国政府予以强烈谴责。那天，我是在去太原卫星发射中心的路上听说此事的，而正好太原基地要发射我们的长征四号乙运载火箭，打的是风云一号C气象卫星。一听到这个消息，大家都义愤填膺，决心用成功发射我们的火箭来回击美国人的嚣张气焰，扬我中华民族志气。但是，关键的问题是这次发射无论如何不能出问题，否则适得其反。而在那个时候，我们的火箭质量不怎么可靠，发射出了不少问题，这就给了我们很大的压力。所以，到了基地后，我在动员中要求试验队一定要牢记使命，肩负重任，严慎细实做好发射前的每一项工作。有问题宁可不打，等彻底解决了再打，必须确保此次发射取得圆满成功。同时，我和专家们深入一线，听取汇报，了解情况，指导发射。型号'两总'

也严把质量关。试验队员心系星箭，把'双想'工作做深做细。这样，仅仅过了两天，长征四号乙火箭傲然升空，打出了中国人的气势和威风。这次成功发射的社会效应非常好，举国上下一片欢腾，各家媒体的宣传报道也是盛赞航天，营造了良好的舆论氛围。而且外媒报道也很及时，说是中国的反应很快，对火箭的成功发射好评如潮。航天作为大国重器，其发挥的重要作用确实鼓舞人心，令人振奋。"

在太原基地综合测试区，试验队员运送长征四号乙火箭

可见，长征四号乙火箭在关键时刻不负众望，而且它的首次亮相，打得漂亮极了。这次成功发射还开创了中国卫星又一个第一，即风云一号C气象卫星首次被世界气象卫星组织正式列入世界业务应用气象卫星序列，在国际上产生了深远影响。正因为如此，该卫星的大名被刻进了北京中华世纪坛公元1999年记事栏。而长征四号乙火箭正是托举风云一号C气象卫星升空的幕后英雄。

风
物
探
源

探寻校园建筑风物背后的历史沧桑与人文情怀

体育馆

曹永康

曹永康，现任上海交通大学设计学院副院长，第十三届校务委员，民革上海交大主委，建筑遗产保护国际研究中心主任，上海市住建委建成遗产精细化保护与更新重点实验室主任。兼任国家文物局工程审核专家，上海市勘察设计行业协会历史建筑保护分会会长，中国文物保护技术协会常务理事，中国文物学会理事等职务。致力于建筑遗产保护的教学、科研和实践工作。特别在建筑遗产的数据采集与管理、病害勘察、精准化修复设计等方面做了大量工作。著有《中国工业遗产史录·上海卷》《浦东传统民居研究》《上海古桥保护研究》等多部专著，带领团队完成300多项建筑遗产的保护修缮设计。

原载曹永康编著：《南洋筑韵：上海交通大学历史建筑品读》，上海交通大学出版社2021年版，第98—115页。收入本书时略作改动。

在上海交大中央绿地西侧，坐落着一座庄重大气又简洁严谨的建筑，它占据着极其重要的校园位置，一走进华山路校门就会映入视野。这就是建成于1925年的体育馆。它就像一面镜子，以独特的艺术语言熔铸和传承着交大的办学理念与宗旨。

体育馆

体育精神　赓续传统

交大一直有着重视体育教育、体育运动的传统，在建校初期，体育课就作为一门向西方学习的课目而设立。1901年，交大的前身南洋公学在其《新订蒙学读本》中就提出："泰西之学，其旨万端，而以德育、智育、体育为三大纲。德育者，修身之事也；智育者，政知格物之事也；体育者，卫生之事也；蒙养之道，于斯为备。"

1899年，学校召开了第一届运动会，这是我国体育史上最早的运动会之一，比1910年举行的第一次全国性运动会还早11年。任交大校长14年之久的唐文治先生，眼盲之后，仍让同学传报交大球赛情况，成为学校佳话。

1921年，交通大学上海学校主任张铸秉承传统，大力提倡体育，发布《交大沪校重视体育之通告》，指明"学校体育与德育、智育并重，诚以国运之盛衰，民族之兴替，先长于国民体力之强弱"。

校史记载有交大不同体育活动开始的年份：1898年田径、体操开端；1901年足球兴起；1910年技击、武术盛行；1915年童子军、棒球展开；1916年越野跑、篮球、网球时兴……

正是这种代代相传的体育精神，以及全面赶超西方著名高校的办学目标，才促使交大在困难的年代，舍得耗巨资，建造了一座一流的高标准体育馆。

体育馆于1925年由建筑师杨锡镠设计建成。杨锡镠自身便是交大校友，1918年他自交通大学前身上海工业专门学校中学部毕业后，直接进入交通部上海工业专门学校的土木专科就读。1922年毕业后，杨锡镠进入吕彦直、过养默、黄锡霖开设的上海东南建筑公司工作，担任工程师。1929年自办杨锡镠建筑师事务所，有"东方第一乐府"之称的上海百乐舞厅，就是他的成名之作。1934年，杨锡镠任《中国建筑》杂志的发行人，20世纪30年代中担任《申报》建筑专刊主编。1949年后，他当选为中国建筑学会第1～4届理事，并曾任北京建筑设计院总建筑师。

体育馆是交大重视体育的最好代表，它的落成在上海乃至全国都是开风气之先的，其技术先进、设施齐全、功能多样，在当时中国高校中首屈一指。

杨锡镠在设计体育馆时，还在实力强大的东南建筑公司执业，他采用的是传统古典主义的学院派风格，底层外廊罗马双柱、中层大型券窗、顶层四坡屋顶的经典三段式样式。这种建筑风格流行于20世纪20年代的西方国家，其特点是引用历史主义风格并倾向折中，但特别讲究古典的比例、尺度与均衡。这种注重古典形式的建筑风格由同时期在外留学的建筑师们带进国门，并慢慢向现代主义风格转化。

　　体育馆由于出自古典范式，受到了古典制式的形式制约，所以从外观上看不出这是一幢体育建筑，也判断不了内部的实际层数，从中可以看出杨锡镠受到了国外传统建筑学派的影响。

杨锡镠绘制的交通大学体育馆设计图

　　体育馆总建筑面积2 957平方米，建筑主体二层，局部三层。主要采用钢筋混凝土结构和钢屋架，裸露的赫红色清水墙砖上镶嵌着二段式拱券窗套，虚实对比形成音乐般的韵律。其内外装饰简洁统一，处处都体现出建筑师的用心。富有层次的门框增加了门的立体感和透视效果，使原本尺度很小的入口既变得明显，又显得相当精致。其内外装饰反复使用同一元素，互相协调，风格统一。比如立面上的窗采用拱券式，窗框线脚很多，层层内收形成"透视窗"的效果，同时室内走廊入口、柱梁交接处也采用了同样的形式，再次强调了室内外装饰的一致性。

体育馆檐部的比例、尺度处理得也非常到位，线条多却不繁琐，在阳光下有很好的光影效果。室内楼梯端部向外旋出形成涡状，使楼梯扶手线条流畅、柔和，同时又具有导向性。扶手下的栏杆为铁制，在栏杆顶部又用倒"S"形的涡状线条，整个扶手轻巧而又细腻。

从内部空间设置来看，底层设有台球房、卫浴设施等；二层布置健身房、室内篮球场，并在场地南端布置小型舞台，可供师生演出、集会之用。值得注意的是，二层大空间的篮球场是设计与建造的难度所在，建筑师采用密肋梁结构支撑宽大的场地，屋顶的横向跨度超过20米，采用钢桁架结构，在斜直上弦杆上形成自然双坡屋顶，并在双坡屋面上开出两列平天窗，引入天光；下弦杆则采用漂亮的弧线拱，以减轻、减小因大跨度所要求的结构大尺寸，并利用桁架两侧节点吊挂钢拉杆，吊住下部沿墙挑出的回廊跑道。这一回廊跑道在转弯处做成倾斜面，以减少离心力对跑步者的作用，可见当时建筑师所具备的科学思想。其另一作用是可观看球赛及舞台表演，形式带有中国园林回廊的韵味。如此建筑技术策略，即使放在今日高技术语境下看也是非常优秀的。

建筑裙房内地坪以下设置室内游泳池，四周为走道，南端还设置了50座的小看台，紧凑而实用。

　　1925年12月5日，体育馆举办了落成典礼。此后每当新生入学，校方就发给学生两把钥匙，一把是宿舍的，一把便是体育馆更衣柜的。交大学生除一年级军训外，二、三年级开设的体育课便不再受天气的影响，这样的体育教学条件在当时国内的高等学府实属罕见。

　　据校史记载，1927年交大排球、乒乓风行，就是体育馆建成之后促进的。交大的足球队、篮球队、网球队、棒球队、排球队等，每支队伍都是"蜚声鸿誉冠中邦"。早在1922年校技击队成立十周年的时候，孙中山还特别题词"强国强种"。

游泳队与师生在游泳池边合影

见证历史　功能多样

　　除了体育运动，体育馆也是交大历史上政治、经济、文化交流活动的重要场所，在历次的历史大事件中，显示出卓越的场馆多功能性。

　　1926年，交大举行建校30周年庆典，以体育馆为主要展示场地，举办了工业展览会，展品达1 261件，并在体育馆前的空地上架设往返在轻轨上行驶的小火车，成为轰动全市的新闻。展览规模之大、内容之丰富，上海前所未有，全国也属首创。

1935年，在这里召开了"国际问题研究会"，研究"中日事件及意阿事件及国际联盟"；1937年交大校庆前夕，京剧名家周信芳先生在此演讲及演出；1948年著名音乐家马思聪偕夫人王慕理女士，应邀在体育馆二楼举行小提琴演奏会，这是当年马思聪先生唯一一次在学校举办演奏会。

1948年6月，在这里举行了"反美扶日公断会"，许多著名人士及各大、中学学生代表约2 000人参加会议，能有陈叔通、马寅初等数十位著名社会人士到会发言声援，支持学生运动，这在中国学生运动史上也是首例。

对于体育馆，交大校友们如是说：

在交大读书期间，最值得回忆的就是在体育馆打球。我考进交大不久，就被招进了学校的篮球队……我们当时是先要通过文化考试，再从中选拔特长生组成校运动队。当时我们交大女篮是三个"好"：一是球打得好，二是功课学得好，第三个就是个子长得好。那个年代是交大篮球队的黄金时代。我们女篮拿过3届全国大学生联赛冠军。我们和地方队比赛，还和上海队打，我们都输不了几分。我们甚至和男子队打，比如安徽队。我印象最深的是，我们一进市体育馆，旁边夹道欢迎，很多人指指点点，说这个是几号、那个是几号，都是交大的。

——马开桂，交通大学北美校友会原会长

当时上海高校男子篮球队近一半队员是上海交大的学生，所以集训地就选在交大徐汇校区的老体育馆。大学生活的第一年，约有半年要参加集训和迎接上海市运动会及市内各种性质的篮球比赛。我们集体住在体育馆三楼，每天一早五点半起床，6点钟从交大出发坐公交车赶到复旦大学吃早饭和上课，上午听完4节课以后，吃了午饭即赶紧回交大参加下午的训练。

——童澄教，上海交大原外事处处长

改造修缮　再续辉煌

体育馆初建成时，二楼室内南部有小型舞台，供演出及集会之用，后被拆除，现二楼仅作为篮球场在使用。原篮球场上方墙内的回廊作为室内坡形跑道，后来改为平跑道。

游泳馆从建成后一直使用，直至20世纪60年代，由于在泳池西侧挖掘防空洞池底渗漏，数次维修未获成功，后来漏水越来越严重，加之锅炉房热水供应不足，于是80年代后期不再使用，租借给一家青铜公司作厂房。

1996年，游泳馆被收回，改建成乒乓馆（据体育系老师介绍，原游泳馆在宽度、层高上非常适合作为乒乓馆使用），同时加建吊顶。施工时，泳池并未全部填平，而是先用砖砌高，再在上面浇筑混凝土，铺木地板。由于当时施工未考虑防水、防潮问题，且将一些垃圾填在地垄中，造成地板渐渐翘起，地板下、地垄中长出很多白蚁。

初建时，因为室内地坪没有抬高，以至于一到大雨天，体育馆就会进水。2001年，学校耗资110万大修体育馆，包括内外墙面粉刷、换灯具、地面抬高、铺设木地板等。

2016年，在上海交大120周年庆典之际，体育馆又进行了新一轮的修缮维护工作。这次修缮本着科学的态度，对建筑进行了一次细致的测绘勘察和病害诊断，采用了激光扫描仪、红外热成像仪等前沿技术，使用了清洗、打毛、加固等维修手段。

虽历经91年风雨，经过两次大的改造维修，但体育馆至今仍适用而充满活力，可见当时建造者与设计者的前瞻性。

如今，修缮后的体育馆重新以其古朴典雅的面貌，矗立于中央大草坪沿线。在被现代主义所充斥的今天，我们还能在上海交大老校区看到保存如此完好的近代建筑，从中体验到20世纪上半叶兴盛于中国的、原汁原味的古典建筑韵味，实在难得，令人油然生起怀旧、珍惜之意。

体育馆落成典礼志盛

佚名

原载《南洋周刊》第七卷第七号（1925年12月），"校内近讯"。上海交通大学档案馆藏，档案号：LS3-487。收入本书时略作改动。

十二月五日为本校举行体育馆落成典礼之日。

是日下午二时四十分，由凌校长导来宾及同学等，先至调养室，由捐建该室之盛庄德华夫人代表盛泽丞先生启户，经侧门出。至体育馆，由在沪捐款人捐助最多之刘鸿生先生启门，来宾及同学乃鱼贯而入该馆二层楼会集。

首由军乐队奏乐，次由凌校长主席报告建筑经过，继由交部代表沈叔玉先生之代表致辞，"注重体育，方能求有用之才学，为国家出力办事，庶不负国家作育人才之意，望同学注重而利用之"，云云。次盛泽丞、刘鸿生二先生相继演说，均为鼓励语。次马相伯先生演说，大致谓"体育馆系注重体育而设，调养室则为病者便利而设，立意截然不同。惟真真国民须具自卫精神，故体育尤关重要，愿诸生注重精神，调养室宁备而不用"，等语。

四时起，由本校足球甲组，与同学会足球队比赛，旧同学中之著名健将，若莫金俭、丁人鲲、陈虞添、周家麒、黄文建诸君皆加入作战，声势甚壮，然以缺少连络，卒以四与二之比失败。

晚七时，在体育馆开会，发给本年中学毕业文凭及田径赛奖品，继开演本校廿周年纪念影片，并以无线电助兴，至十时，方尽欢而散云。

体育馆东立面图

体育馆剖面图

体育馆成立后当如何

因

原载《南洋周刊》第七卷第五号（1925年11月），"言论"。作者署名"因"。上海交通大学档案馆藏，档案号：LS3-487。收入本书时略作改动。

光明灿烂的一座体育馆如今快要落成了。余不敏，敢进一言。

第一，我们这座体育馆是集腋成裘的。其他学校的建筑物，多是学校方面的独力，或是专是募捐。惟有我们的体育室，既是向外募捐，又要来捐学生，捐先生，这种成功真不易呀！

所以从经济方面说，这是一种可怜的建筑。但是从精神方面说，我们能得如许人的赞助，实较军阀的造孽钱（东大孟芳图书馆）觉得可贵。

所以我最希望于此尊严的体育馆的，就是万勿再陷入贵族式。换言之，就是说这座光明灿烂的建筑，是为全体学生而建筑的，不是为少数的少爷（运动选手）而建筑的。我们既是要普及运动，就不能不有相当的办法，现在略举数端写在下面：

（一）关于教授方面的

（1）鼓励

运动普及，全恃教授的教授得法，所以体育馆当轴必须加以强有力的提倡，鼓动了同学的兴趣自然可以得着良好的结果。

（2）教诲

历观多校，觉其体育教授往往有一种特殊性情，就是专喜和运动员接近。对于老爷们极易生一种厌恶的神情。所以运动员苟有咨询，总是竭诚指导。但是设使一个非运动员的来问他，他不自然而然的不似前的高兴了！这是什么原故呢？原来做运动员的对待非运动员，往往有种鄙视的观念。现在的体育教授，就是当年的运动健将，又安易逃出此例呢？我们的体育教授虽不如彼，但我仍恳切的盼望他们将这良好的性情保留下去，不要无端因"习俗移人"而改变了素志。因为善运动的是少数，孱弱的是多数，而学校之所以敦请体育教授，主旨在救治我们的孱弱，并非求外强中干的虚荣体育呀！

（二）关于同学方面的

（1）自动进行

我们研求体育，是求我们自己身体的强健，这是关于自身利害的。所以自动的进行诚不可忽视。吾们既然出了钱，自然有享权利的必要。我们强健我们的身体，一方面自己受益无穷，一方面也不负学校当轴讲求体育的苦心。

（2）多询教师

我们既不是擅长运动的，自然对于体育会有"门外汉"之叹。譬如说游泳，我们大半是不会的，但是我们可以结合二三知己，在空课的时间，前往练习，请教授在旁指导，不久自然可以达到纯熟的目的。

以上数端，仅就管见所及，随便写来。总之，我们要求高深的学问，非有强健的体魄不行。学校的建筑是馆，学校的敦请有名的教授，实在抱有提倡体育的苦心。我们同学都有监视的可能，千万勿使再陷于贵族式呀！

亲爱的同学们，我所以写这种不通的文字，纯是激于爱校的热忱，求大多数同学体育的普及，并非来攻讦任何方面呀！诸君有更好的意见吗？不妨起来谈谈。

1925年7月11日

20世纪30年代的体育馆

20世纪30年代体育馆内的游泳池

20世纪60年代体育馆内的练身房篮球场

上海交通大学校名演变图

1896—1905	1905—1907	1907—1911	1911—1912
南洋公学	商部上海高等实业学堂	邮传部上海高等实业学堂	南洋大学堂

1927—1928	1922—1927	1921—1922	1912—1921
交通部第一交通大学	交通部南洋大学	交通大学上海学校	交通部上海工业专门学校

1928—1942	1942—1946	1946—1949	1949—1957
国立交通大学（上海本部）	国立交通大学（重庆总校）	国立交通大学	交通大学

1959 至今	1957—1959
上海交通大学	交通大学上海部分

《交大记忆》征稿
暨校史文献实物征集启事

《交大记忆》校史文丛以"聚焦沧桑岁月，展示时代风貌，构建共同记忆，传承交大文脉"为宗旨，现设以下六个专栏：

黉门哲思：以收录精辟文论为主，纵论交大发展变迁，探微大学精神文化。

上庠菁英：以回忆性纪念文章为主，聚焦交大师生校友人物，展现交大人的精神风貌。

南洋留痕：收录交大人求学、从教往事杂忆，倾听交大人讲交大事、抒母校情。

峥嵘岁月：聚焦交大党史人物与故事，追寻红色记忆，赓续红色血脉。

珍档掌故：发掘校史珍贵档案文物，讲述档案文物背后的动人往事。

风物探源：追踪老房子、新建筑及校园史迹遗存，探寻校园建筑风物背后的历史沧桑与人文情怀。

针对以上栏目，诚邀全校师生、海内外校友及社会各界人士：

一、记述您记忆中的交大故事。回首校园时光，追忆师长同窗……梦回交大，畅叙记忆中的交大人与交大事。

二、推荐您读书所见交大校史、党史相关的佚文佳作。名师轶事、校友传文、校园掌故、经典论说……润心启智，与交大人分享您眼中的精彩交大故事。

三、捐赠校史文献与实物，并讲述它们背后的故事。捐赠能够反映交通大学各时期校史、党史的图书、教材、手稿、书信、证章、照片、纪念册、声像资料，以及其他各类具有纪念价值的文献档案资料与实物，并向我们讲述它们背后的点滴故事。

所有征集文献实物将统一分类建档管理，用于学校党史、校史研究及展陈宣教事业。

构建共同记忆，传承交大文脉！期待您的来稿来件！

联系人：漆姚敏

联系电话：（021）54740143　13611974415

电子邮箱：qiyaomin@sjtu.edu.cn

联系地址：上海市闵行区东川路800号上海交通大学档案文博管理中心419室（党史校史研究室），邮编200240

上海交通大学《交大记忆》编辑部

2025年6月